Yeni

HİTİT

Yabancılar İçin Türkçe Çalışma Kitabı

1

A1 A2

TEMEL

4. Baskı

ANKARA ÜNİVERSİTESİ 1946
ankara üniversitesi tömer 1984

Yeni Hitit I
Yabancılar İçin Türkçe
Çalışma Kitabı

ISBN: 978-975-482-768-2

Ankara Üniversitesi Basımevi
İncitaşı Sok. No:10
06510 Beşevler/Ankara
Tel: 0(312) 231 66 55
Basım Tarihi: Temmuz 2012

© Ankara Üniversitesi TÖMER

Editör
Prof. Dr. N. Engin UZUN

Hazırlayanlar
Cemil KURT
E. Nurşen AYGÜN
Elif LEBLEBİCİ
Özden ALTINKAYNAK COŞKUN

4. Baskı için Katkıda Bulunanlar
Barış CANSEVGİSİ
Mesut DURSUN
Şebnem DİLÇİN

Dizgi ve Grafik
Gamze KANTAŞ

Resimleme
Saygın ÖNAL

Fotoğraflar*
Enver ÖZÜSTÜN
Özgür BOĞAZLIYANLIOĞLU

*Bu kitaptaki bazı görseller, yayın hakkının saklı olduğuna dair uyarıların olmadığı, paylaşıma açık internet sitelerinden alınmıştır. Hakları saklı olsun olmasın, tarafımızca bilinemeyen eser sahiplerine, Türkçenin yabancı dil olarak öğretimine bu kitapta yer aldıkları oranda yaptıkları katkılardan dolayı teşekkürü bir borç biliriz.

ÖNSÖZ

Bu kitap, Ankara Üniversitesi Türkçe ve Yabancı Dil Araştırma ve Uygulama Merkezi TÖMER tarafından hazırlanan "Yeni Hitit Yabancılar İçin Türkçe" adlı dil öğretim setinin, birer ders kitabı ve öğretmen kitabının da yer aldığı I. Takımına (TEMEL düzeyine) ait çalışma kitabıdır.

"Yeni Hitit Yabancılar İçin Türkçe Çalışma Kitabı", ait olduğu setin, kullanıcılarını, Avrupa Konseyi'nin Ortak Avrupa Çerçevesi (Common European Framework) adlı kılavuzu doğrultusunda TÖMER tarafından geliştirilen ve 2004 yılında Avrupa Konseyi'nden onaylanan 56.2004 model nolu "Yetişkinler İçin Avrupa Dil Portfolyosu"nda (TÖMER ADP'sinde) belirlenen A1 ve A2 beceri düzeylerine ulaştırma hedeflerini paylaşmakta, ayrıca, derslerde edinilen hedeflerin ders dışında kendi kendine çalışma yoluyla pekiştirilmesini amaçlamaktadır.

TÖMER ADP betimleyicilerinin (bkz. Ders Kitabı s.198-199) gerektirdiği konulara göre desenlenen 12 üniteden oluşan ve her bir ünitesi 3 alt konuya ayrılmış olan Ders Kitabı'na paralel olarak aynı ünite ve alt konu başlıklarıyla hazırlanan çalışma kitabında da üniteler düzeye ve düzlemlere uygun metin türleri ile bezenmiş; metinler DİNLEME, OKUMA, SÖZLÜ ANLATIM, KARŞILIKLI KONUŞMA ve YAZILI ANLATIM beceri düzlemlerine yönelik etkinliklerle dengeli biçimde desteklenmiş ve her bir etkinlik için anlaşılması kolay, uygulaması kısa sürede kolaylık yaratacak yönerge ve başlıklar verilmiştir.

İçerdiği görsellerin sayısı ve metinlerin oylumları bakımından yer yer ders kitabı niteliğine bürünen elinizdeki çalışma kitabı, aslen, bolca alıştırma yapılmasına olanak vermek üzere tasarlanmıştır. Öğreticilere, hedeflere ne kadar ulaşıldığını kontrol etme olanağı vermek üzere alıştırmalarda beklenen "yanıtlar"a çalışma kitabında yer verilmemiş, böylece, öğrenicilerin sınıfa dönüt getirerek kendilerinin bireysel olarak izlenmesi yolunun açık kalması planlanmıştır.

Elinizdeki çalışma kitabının bir parçası olduğu "Yeni Hitit Yabancılar İçin Türkçe I" seti, Ankara Üniversitesi TÖMER'in 20 yılı aşkın birikim ve deneyimini Avrupa Konseyi'nin çağdaş dil öğretim ölçütleri ile birleştirmesinin bir ürünüdür. Bu üründe TÖMER'in gelmiş geçmiş ve halihazırdaki tüm Türkçe okutmanlarının emeği ve katkısı bulunmaktadır. TÖMER onlara teşekkür eder, bu kitabın kullanıcılarına da "Türkçe'de buluşmak üzere" kolaylıklar diler.

Ankara Üniversitesi
TÖMER

İçindekiler

1. ÜNİTE — MERHABA

1.1 Tanışma 8

1.2 Ne? Kim? Neresi? 10

KOŞAÇ TÜMCESİ (haber kipi)

SIRALAMA *-(I)ncI*

KOŞAÇ TÜMCESİ (haber kipi devam) *-(y)Im, -sIn, –, -(y)Iz, -(sInIz, -(lEr)*

1.3 Ne Var? Ne Yok? 12

VAROLUŞ TÜMCESİ (haber kipi) *var, yok*

2. ÜNİTE — GÜNLÜK HAYAT

2.1 Ne Yapıyorsunuz? 14

ŞİMDİKİ ZAMAN (genel) *-(I)yor*

2.2 Nereden Nereye? 16

DURUM (yönelme, kalma, çıkma) *-(y)E, -DE, -DEn*

2.3 Saatler 18

ULAÇLAR *-DIktEn sonra, -mEdEn önce*

İLGEÇLER *-(y)E kadar, -DEn önce, -DEn sonra*

3. ÜNİTE — YAKIN ÇEVREMİZ

3.1 Ailem ve Arkadaşlarım 20

İYELİK *-(I)m, -(I)n, -(s)I, -(I)mIz, -(I)nIz, -(lEr/s)I*

3.2 Evimiz ve Semtimiz 22

AD TAMLAMASI (belirtili) *AD-(n)In AD-(lEr/s)I*

AD TAMLAMASI (belirtisiz) *AD AD-(s)I*

3.3 Şehirler 24

AD TAMLAMASI (zincirleme) *AD(-(n)In) AD(-(lEr/s)I(nIn)) AD-(lEr/s)I*

4. ÜNİTE — ZAMAN GEÇİYOR

4.1 Ne Zaman Ne Oldu? 26

GEÇMİŞ ZAMAN (belirli) *-DI*

4.2 Dünden Bugüne 28

KOŞAÇ TÜMCESİ (hikaye kipi) *-(y)dI (< i-di)*

4.3 Anılar 30

ŞİMDİKİ ZAMAN (hikaye kipi) *-(I)yordu (< -(I)yor i-di)*

ULAÇLAR *-(y)ken (< i-ken)*

BAĞLAÇLAR/İLGEÇLER *ile (> (y)lE)*

5. ÜNİTE — AFİYET OLSUN

5.1 Ne Yiyelim? 32

EMİR KİPİ *-sIn, -(y)In(Iz), -sIn(ler)*

İSTEK KİPİ *-(y)E*

5.2 Ne Alırsınız? 34

SIFATLAŞTIRMA *-lI, -sIz*

5.3 Dünya Mutfakları 36

KARŞILAŞTIRMA *-DEn daha*

ÜSTÜNLÜK *en*

6. ÜNİTE — BÜROKRASİ HER YERDE

6.1 Sayın Yetkili 38

DURUM (belirtme) *-(y)I*

6.2 Başımız Dertte 40

ŞİMDİKİ ZAMAN (resmi) *-mEktE*

6.3 Yardım İstiyorum 42

İLGİ EKİ *-ki*

BAĞLAÇLAR *de/da*

İçindekiler

Alfabe

1 Tamamlayalım

Aa	Bb	Cc	Çç	Dd	Ee	Ff
Gg	Ğğ	Hh	Iı	İi	Jj	Kk
Ll	Mm	Nn	Oo	Öö	Pp	Rr
Ss	Şş	Tt	Uu	Üü	Vv	Yy Zz

2 Yazalım

1 gözlük

2 masa, sofra (Esstisch)

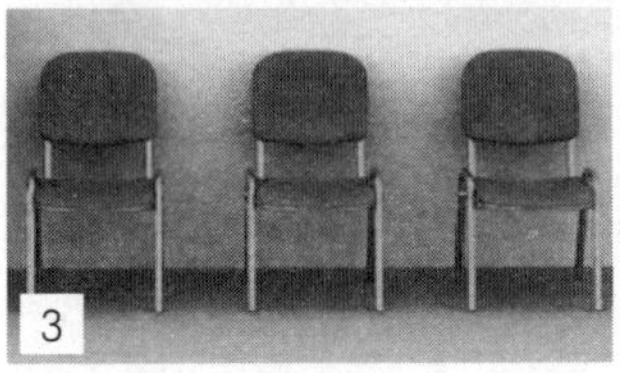

3 sandalye, iskemle

4 ütü

3 Sözcük yazalım

A: araba, anahtar, ambulans, antepfıstığı

B: balık, bodrum, beklemek, bağlamak

C: civciv, (Küken) ciğer, ciet, cevap

Ç: çocuk, çorba, çalışan, çamaşır

D: dede, deli, denlemek, dert

E: elma, ecnebi, eczane, eyalet (eyaletler!)

F: fare, felç, fikir, fincan

G: gemi, (Schiff) gerdan, gecikme, gırtlak

Ğ: ağaç, koğuş, doğu, boğmaca

H: hastane, herkes, hazır, hayli

I: ışık, ıslak, ısıtma, ıstırap

İ: içecek, (Getränke) idare, iade, idrar

J: jilet, (Rasierklinge) jambon, jest, jinekolog

K: kapı, kaburga, kalça, karın

L: leylek, (Storch) loğusa, leğen, laf

M: masa, makbuz, marul, mest

N: nar, nazar, nahiye, nezle

O: okul, (Schule) oksijen, otoyol, oturmak

Ö: öğrenci, önceleri, önermek, özgür

P: para, (Geld) perhiz, pencere, pıhtı

R: radyo, revir, rıza, rica

S: su, sağrı, sadır, saadet

Ş: şişe, şamada, şeftali, şırınga

T: top, tanımak, tarif, terlemek

U: uçak, uyarmak, umut, uzun

Ü: üzüm, (Weintraube) ülke, üşümek, üşütmek

V: valiz, (Koffer) velvele, veda, vermek

Y: yol, (Weg) yutkunmak, yuvar, yudum

Z: zarf, (Umschlag, Kuvert) zanaat, zulmet, zaman, zatürree

Sayılar

1 Dinleyelim, tamamlayalım

Hava Durumu

Kayıt sırası 55

Ankara	*18 °C*	İstanbul	
Antalya		Londra	
Atina		Prag	
Sofya		Kopenhag	
Roma		Paris	
Amsterdam		Berlin	
Viyana		Varşova	

2 Yazalım

on kuruş

yirmi beş

elli

bir lira

yüz

elli

yirmi

3 Tamamlayalım

1. 28: Yirmi *sekiz*
2. 46: kırk altı
3. 409: Dört yüz dokuz
4. 527: beş yüz yirmi yedi
5. 559: beş yüz dokuz
6. 1461: bin dört yüz altmış bir
7. 1996: Bin doksan
8. 2008: İki
9. 25.350: Yirmi beş bin üç yüz elli
10. 59.000: elli dokuz bin
11. 100.050: Yüz bin elli
12. 178.444: yüz sekiz bin dört yüz kırk dört
13. 1.500.000: Bir million beş yüz bin
14. 12.483.000: on iki million dört yüz seksen üç bin
15. 75.000.000: yetmiş beş milyon

4 Rakamla yazalım

1. Doksan yedi
   97
2. Yüz seksen üç.
   183
3. Bin dört yüz elli üç
   1453
4. Bin dokuz yüz doksan dokuz
   100.
5. Doksan bin on üç
   9013
6. Sekiz yüz elli altı bin beş yüz yirmi üç
   655.523
7. Bir buçuk milyon
   half
   500.000
8. İki milyon yedi yüz elli bin
   2.750.000
9. On altı milyon
   10.000.000
10. Yirmi üç milyon beş yüz bin.
    23.500.000

1 Merhaba

1. Tanışma

1 Sıralayalım, yazalım

- Memnun oldum.
- Nasılsın?
- Merhaba, benim Adım Ayako. Senin adın ne? ✗
- Ben de memnun oldum.
- Benim adım David. ✗
- Teşekkürler, iyiyim. Sen nasılsın?
- Görüşürüz.
- Teşekkürler. Ben de iyiyim.
- Görüşürüz.

Ayako : *Merhaba, benim adım Ayako. Senin adın ne?*
David : Benim adım David.
Ayako : ~~Nasılsın~~ Memnun oldum?
David : Teşekkürler, iyiyim. Sen nasılsın?
Ayako : Ben de memnun oldum.
David : Nasılsın?
Ayako : Teşekkürler. Ben de iyiyim.
David : Görüşürüz.
Ayako : Görüşürüz.

2 Eşleştirelim

1. Merhaba. Adım Murat. Sizin adınız ne?
2. O nereli?
3. Nasılsınız?
4. Nerelisiniz?
5. Günaydın.
6. Memnun oldum.
7. İyi akşamlar.
8. Görüşürüz.
9. İyi günler.

[3] Teşekkür ederim, iyiyim.
[5] Günaydın.
[8] Görüşürüz.
[2] Sudanlıyım.
[6] Ben de memnun oldum.
[9] İyi günler.
[4] Çinli.
[1] Benim adım Mustafa.
[7] İyi akşamlar.

3 Eşleştirelim

Pakistan — Lehçe
Brezilya — İspanyolca
Arjantin — İbranice
İran — Portekizce
Mısır — Urduca
Polonya — Farsça
İsrail — Arapça

4 Eşleştirelim

Hoş geldiniz. — Selam!
Güle güle. — İyiyim.
Teşekkür ederim. — Hoş bulduk.
Ne haber? — Rica ederim. (Bitte)
Nasılsınız? — Hoşça kal.
Merhaba! — İyilik, sağlık. (Gute Gesundheit / Wohltat)

5 Tamamlayalım

Diyalog 1

Murat : Merhaba.

Ayşe : ____________ .

Murat : Benim ____________ Murat. ____________ adınız ne?

Ayşe : ____________ adım Ayşe.

Murat : Nasılsınız?

Ayşe : Teşekkürler, ____________ . Siz ____________?

Murat : ____________ , ____________ de iyiyim.

Diyalog 2

Mert : Selam!

Sibel : ____________!

Mert : ____________ adım Mert. ____________ adın ne?

Sibel : ____________ adım Sibel.

Mert : ____________?

Sibel : İyiyim, sağol. Sen ____________?

Mert : ____________, ben de ____________ .

Diyalog 3

Canan : Merhaba Selin.

Selin : Merhaba. ____________ ____________?

Canan : İyilik, senden ne haber?

Selin : Ben de ____________ . Görüşürüz.

Canan : ____________ .

6 Yerleştirelim

hafif • yaşlı • şişman • genç • soğuk • sıcak • zayıf • ucuz • pahalı • ağır

- _hafif_ valiz
- _yaşlı_ adam
- _pahalı_ ceket
- _ucuz_ gömlek
- _şişman_ kadın
- _zayıf_ kız
- _sıcak_ çay
- _kuvvetsiz_ adam
- ~~kuvvetli~~ _kolay_ valiz
- _tatlı_ kola

7 Tamamlayalım

1. Bu kitap _mı_ ?
   Evet, _kitap_ .
2. Şu gözlük _mü_ ?
   Hayır, _bu gözlük değil_ .
3. O öğretmen _mi_ ?
   Hayır, _o öğretmen değil_ .
4. Orası okul _mu_ ?
   Hayır, _orası okul değil_ .
5. Sınıf büyük _mü_ ?
   Evet, _sınıf büyük_ .
6. Bugün hava soğuk _mu_ ?
   Hayır, _bugün hava soğuk değil_ .
7. İstanbul kalabalık _mı_ ?
   Evet, _İstanbul kalabalık_ .
8. Çay sıcak _mı_ ?
   Evet, _çay sıcak_ .
9. Bu sandalye boş _mu_ ?
   Hayır, _bu sandalye boş değil_ .

8 Yanıtlayalım

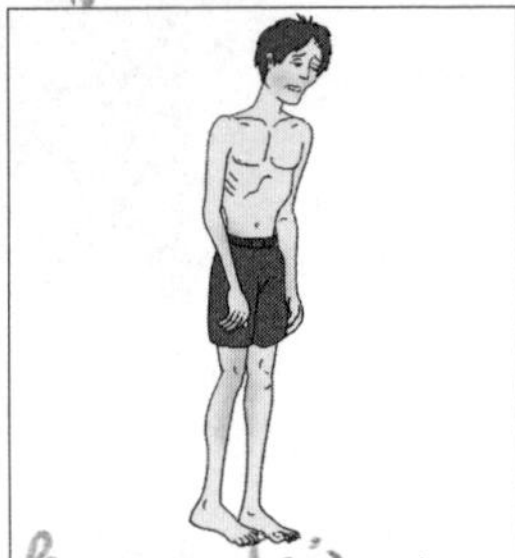

1. İnsanlar nerede?
   İnsanlar parkta .
2. Çiçekler ağaçta mı?
   Hayır, çiçekler ağaçta değil. Çiçekler yerde .
3. Burası neresi?
   Burası parkta .
4. Dondurma kimde?
   Dondurma çocukta .
5. Gazete çocukta mı?
   Hayır, gazete çocukta değil. Adamda .
6. Elmalar ağaçta mı?
   Evet, elmalar ağaçta .
7. Adam bankta mı?
   Hayır, Adam bankta değil . ~~Evet, bankta adam bankta~~
8. Kuşlar nerede?
   Kuşlar ağaçta .

9 Dinleyelim, tamamlayalım
Diyaloglar
Kayıt sırası 56

1
A: Alo! Jim! _____?
B: Şu anda _____.
   Trafik çok kalabalık. Siz _____?
A: Biz _____.
B: Tamam. Ben de on dakika sonra _____.

2
A: İyi günler. Sinem Hanım _____?
B: Hayır, _____
A: Kafeterya _____?
B: Sekizinci _____.
A: Teşekkürler.
B: Rica ederim, iyi günler.

10 Düzeltelim

1. Paris İngiltere'de.
   Paris İngiltere'de değil, Fransa'da.
2. Berlin İtalya'da.
   " İtalya'da değil, Almanya'da
3. Ferrari ucuz bir araba.
   Hayır, F. ucuz bir araba değil, F. pahalı
4. İstanbul küçük bir şehir.
   " " değil, İst. büyük
5. Karpuz ekşi bir meyve.
   sonra
   " " değil, karpuz tatlı
6. Maradona bir şarkıcı.
   " " değil, Maradona bir futbolcu.

11 Eşleştirelim

1. Orası neresi?   [3] Bende.
2. Hangi mevsim soğuk?   [5] Evet.
   güneşli
3. Anahtar kimde?   [4] Okulda.
4. Elif nerede?   [1] Banka.
5. Hava soğuk mu?   [2] Kış.

12 Tamamlayalım

1. Ben öğretmen **im**.
2. Siz doktor **sunuz / değilsiniz**
3. Sen nere **lisin** ?
4. Onlar İngiliz **ler, değil** Alman.
5. Ben bugün çok mutlu **yum**.
6. Siz yorgun **sunuz mu** ?
7. Burası bir hastane **mi** ?
8. Murat öğrenci **değil**, öğretmen.
9. Ayşe bugün hasta _____.
10. Bu sandalye boş **mu** ?
11. Bugün hava güzel **mi** ?
12. Kütüphane **nerede** ?
13. Öğrenci İşleri bu kat**ta mı** ?
    burası mı

14. Bilgisayar masa**da mı** ?
15. Ben şimdi ev**deyim**.
16. Siz şimdi **misiniz** ?
17. Bugün **cuma mı** ? / hangi gün?
18. Ben bu okulda öğretmen _____.
19. Televizyon açık **mı** ?
    olan
20. İstanbul pahalı bir şehir **mi** ?
21. Burası kütüphane **mi** ?
    mi
22. Siz diplomat **sınız** ?
23. Ben hasta **değilim**, ama yorgun**um**
24. O Murat Bey **mi** ?
25. Sınıf temiz **mi** ?
26. Kitap çanta**da mı** ?

1.3 Ne Var? Ne Yok?

Pflanze ev bitkisi

13 İşaretleyelim, yanıtlayalım

	Var	Yok		Var	Yok
koltuk	☒	☐	vazo	☒	☐
halı	☒	☐	sandalye	☐	☒
perde (Vorhang)	☒	☐	çiçek	☐	☒
bilgisayar (Computer)	☐	☒	masa	☒	☐
telefon	☐	☒	kitap	☒	☐

1. Duvarda neler var?

   Duvarda resimler var

2. Koltukta yastıklar var mı?

   Evet, koltukta yastıklar var

3. Odada bilgisayar var mı?

   Hayır, odada bilgisayar ~~değil~~ yok

4. Odada kaç sehpa var?

   Odada kaç sehpa ~~var~~ var

14 Yanıtlayalım

yirmi dört • on iki • kasım • ekim • beş
biber • aslan • eylül • köpek • baklava • kaplan
şeker • elli iki • kedi

1. Bir günde kaç saat var?

   Bir günde yirmi dört saat var

2. Hangi hayvanlar vahşi?

   Kaplan vahşi

3. Hangi sebze acı?

   Biber acı

4. Sınıfta kaç sandalye var?

   " ~~elli~~ iki sandalye var

5. Bir yılda kaç hafta var?

   Bir yılda elli iki hafta var

6. Hangi hayvanlar evcil?

   Köpekler evciller

7. Hangi yiyecekler tatlı?

   Baklava çok tatlı

8. Sonbaharda hangi aylar var?

   " kasım ve ekim var

9. Bir elde kaç parmak var?

   Bir elde beş parmak var

15 Dinleyelim, tamamlayalım
Kantinde

Lisa : Günaydın!
Kantinci : _____.
Lisa : Sandviçler taze mi?
Kantinci : _____.
Lisa : Tamam, bir sandviç lütfen. Ayran var mı?
Kantinci : _____.
Lisa : O zaman bir çay.
Kantinci : _____.
Lisa : Teşekkürler. Hepsi _____ _____ ?
Kantinci : 2 TL.
Lisa : Buyurun, sağ olun.

16 Tümce kuralım

1. var / televizyon / bir / güzel / film
   Televizyonda güzel bir film var.
2. on iki / var / öğrenci / sınıf
   _____.
3. mı / var / köpek / bahçe
   _____.
4. çok / bugün / güzel / hava
   _____.
5. deniz / mı / Ankara / var
   _____.
6. hediye / bir / güzel / var / paket
   _____.

17 Okuyalım, işaretleyelim
Hangi Otel?

Meltem : Merhaba.
Görevli : Merhaba, hoş geldiniz efendim.
Meltem : Teşekkürler. Hoş bulduk. Otel katalogları nerede?
Görevli : Otel katalogları burada. Buyurun.
Meltem : Teşekkürler. Şu otel kaç yıldızlı? *Sterne*
Görevli : Üç yıldızlı.
Meltem : Odalarda balkon var mı? *Zimmer*
Görevli : Bazı odalarda var efendim, ama her odada yok. *einige / jedes*
Meltem : Her odada mini bar var mı?
Görevli : Hayır efendim. Hiçbir odada yok. *anybody*
Meltem : Televizyon var mı?
Görevli : Bazı odalarda var.
Meltem : Telefon?
Görevli : Her odada var.
Meltem : Peki, şu otel kaç yıldızlı?
Görevli : Beş yıldızlı. O otelde her odada balkon, telefon,
         TV ve klima var. Bazı odalarda mini bar da var.
Meltem : Bir gecelik ücret ne kadar? *pro Nacht / so weit wie / Gebühr*
Görevli : 100 TL.
Meltem : Aaa! Çok pahalı. Peki üç yıldızlı otelde bir gecelik
         ücret ne kadar?
Görevli : 50 TL.
Meltem : Tamam. Üç yıldızlı otelde bir hafta için iki kişilik *für Personen*
         oda lütfen. *natürlich*
Görevli : Tabii efendim.

*** Otel	var	yok	bazı odalarda var
Balkon			✓
Minibar		✓	
Klima			
Televizyon			✓
Telefon	✓		

***** Otel	var	yok	bazı odalarda var
Balkon	✓		
Minibar			✓
Klima	✓		
Televizyon	✓		
Telefon	✓		

2 Günlük Hayat
1. Ne Yapıyorsunuz?

1 Yerleştirelim

telefon • banyo • ütü • yemek • makyaj • yardım
kahvaltı • sohbet • dans • tamir

telefon etmek		_banyo_ yapmak	
yardım etmek		yemek yapmak	
dans etmek		makyaj yapmak	
sohbet etmek		ütü yapmak	
tamir etmek		kahvaltı yapmak	
yardım etmek			

2 Eylemleri yazalım

1. Müzik dinliyorum. — dinle-
2. Oyun oynuyoruz. — oyna-
3. TV seyrediyor. — seyret-
4. Şarkı söylüyor. — söyle-
5. Çamaşır yıkıyor. — yıka-
6. Anlıyorum. — anla-
7. Yemek yiyorum. — ye-

3 Tümce kuralım

Oya → televizyon → çalıyor.
Biz → ne → seyrediyoruz.
Ben → ders → okuyorsun.
Ali ve Eda → kitap → dinliyorlar.
Siz → müzik → ediyorlar.
Sen → sohbet → çalışıyorum.
Onlar → gitar → yapıyorsunuz?

1. _Oya gitar çalıyor._
2. Biz televizyon seyrediyoruz
3. Ben ders çalışıyorum
4. Ali ve Eva müzik dinliyorlar
5. Siz ne yapıyorsunuz?
6. Sen kitap okuyorsun
7. Onlar sohbet ediyorlar

4 Tamamlayalım

1. Öğretmen ders anlat_ıyor_.
2. Ben ders çalış_ıyorum_.
3. Sen piyano çal_ıyorsun_.
4. Babam araba kullan_ıyor_.
5. Yolcular otobüs bekl_iyorlar_.
6. Çocuklar top oyn_uyorlar_.
7. Öğrenciler yurtta kal_ıyorlar_.
8. Ben çok iyi İngilizce konuş_uyorum_.
9. Bebek çok güzel gül_üyor_.
10. Siz çok güzel yemek pişir_iyorsunuz_.
11. Ayşen dört dil bil_iyor_.

5 Tamamlayalım

1. Çok zayıfsın. Hiç yemek ye _miyor_ _musun_?
2. Siz hiç gazete oku_muyor_ _musunuz_?
3. Notların çok kötü. Çalış_mıyor_ _musun_?
4. Çocuklar uyu_muyor_ _mu_?
5. Niçin hazırlanmıyorsun? Bizimle gel_miyor_ _musun_?
6. Siz her hafta sonu spor yap_ıyor_ _musunuz_?

6 Tümce kuralım

1. her sabah / sür- / çocuk / bisiklet (+)
   Çocuk her sabah bisiklet sürüyor.
2. Ahmet / oku- / hiç / kitap (-)
   Ahmet hiç kitap okumuyor
3. ders / sen / çalış- / her gün (+ ?)
   Sen her gün ders çalışıyor musun
4. tatil / yap- / yazın / siz (+ ?)
   Siz yazın tatil yapıyor musunuz
5. kahvaltı / ben / et- / sabahları (+)
   Ben sabahları kahvaltı ediyorum

7 Okuyalım, işaretleyelim

PAZAR GÜNLERİ

Bugün pazar. Sokaklarda çok az insan ve araba var. Bazı mağazalar kapalı. Çünkü bugün tatil. Pek çok insan evde oturuyor, dinleniyor. Ben de pazar günleri genellikle evden çıkmıyorum. Sabah geç uyanıyorum. Önce ailemle güzel bir kahvaltı yapıyor, sonra gazete okuyorum. Pazarları gazeteler çok güzel bulmacalar veriyor. Eşim ve ben beraber bulmaca çözüyoruz. Bazen satranç oynuyoruz ve müzik dinliyoruz. Güzel havalarda bahçede oturuyoruz.

	Doğru	Yanlış
1. Onlar pazar günü bulmaca çözüyor.	☒	☐
2. Pazarları bütün mağazalar kapalı oluyor.	☐	☒
3. Onlar bazı pazar günleri müzik dinliyorlar.	☒	☐
4. Onlar güzel havalarda bahçede oturmuyorlar.	☒	☐
5. Pazar günleri sokaklar kalabalık oluyor.	☐	☒

8 Sıralayalım
Pazar Günleri Ne Yapıyorum?

1. P. G. uzun zaman uyuyor.
2. Bazı gezi yapıyor
3. Sız sız kitaplar okuyor.
4. Arkadaşlar bulunuyor.
5. Kaynıyor.
6.
7.
8.
9.
10.
11.
12.
13.

9 Tamamlayalım

1. Sen akşamları televizyon izl__iyor musun__?
2. Öğrenciler çay iç__iyorlar__.
3. Onlar havuzda yüz__üyorlar__.
4. Biz mutfakta yemek ye__iyoruz__.
5. Siz nerede otur__uyor musunuz__?
6. Sibel hanım otobüse _____.
7. O her gün spor yap__ıyor mu__?
8. Antalya'da hiç kar yağ__ıyor__.
9. Onlar bugün müzeye git__diyorlar__?
10. Sen dersten sonra kütüphanede ders çalış__ıyor musun__?
11. Ben artık hiç mektup yaz__mıyor__.
12. Sen çok güzel şarkı söyle__iyorsun__.
13. Sabahları kahvaltı yap__ıyor musun__?
14. Siz sokakta oyun oyn__uyor musunuz__?
15. Murat sabahları evden okula yürü__yor__.

10 Eşleştirelim

1. Sen Türkçe biliyor musun?
2. Aslı nerede çalışıyor?
3. İstanbul'da kaç milyon insan yaşıyor?
4. Onlar sınıfta şarkı söylüyorlar mı?
5. Ben güzel resim yapıyor muyum?
6. Siz teneffüste kahve içiyor musunuz?
7. Sen her gün 8 saat mi uyuyorsun?
8. Sonbaharda kar yağıyor mu?
9. Siz her hafta sonu alışveriş yapıyor musunuz?
10. Kedi nerede uyuyor?

- [6] Tabii, biz teneffüste kahve içiyoruz.
- [ ] Hayır, yağmıyor.
- [10] Sepette.
- [9] Hayır, biz her hafta sonu alışveriş yapmıyoruz.
- [7] Evet, 8 saat uyuyorum.
- [1] Evet, ben biraz Türkçe biliyorum.
- [ ] Hastanede çalışıyor.
- [4] Evet, bazen söylüyorlar.
- [3] Yaklaşık 12 milyon insan yaşıyor.
- [5] Evet, çok güzel resim yapıyorsun.

11 Dinleyelim, tamamlayalım
Bir Günüm

Kayıt sırası 58

Her gün erken uyanıyorum.  Yatağtan kalkıyorum. Önce banyoya gidiyorum ve duş alıyorum. Sonra  mutfakta kahvaltı hazırlıyorum.  Masada peynir, reçel ve zeytin yiyorum. Sonra giyiniyorum ve  evden çıkıyorum. Okul eve çok yakın. Bu yüzden  ___  ___ yürüyorum.  Evde dersler sekizde başlıyor ve öğlen bitiyor. Bazen okuldan sonra  parka gidiyorum.  Parkta koşuyorum. Öğleden sonra  Eve dönüyorum. Akşam bazen arkadaşlarımla buluşuyorum, bazen  evde oturuyorum ve kitap okuyorum.

12 Tamamlayalım

1. Öğretmen o*na* soru soruyor.
2. Bütün mağazalarta indirim var.
3. Anne bebek___ süt veriyor.
4. Öğrenciler yurttan dönüyor.
5. Öğrenciler yurtta ders çalışıyor.
6. Öğrenciler yurta çıkıyor.
7. Kızım ben___ para istiyor.
8. Çocuklar bahçete top oynuyor.
9. Marketle süt alıyorum.
10. Durakta otobüs bekliyorum.
11. Bu akşam yemektin ne var?
12. Sende söylemiyorum, onda söylüyorum.
13. Aslı bu akşam sekizde uçaka biniyor.
14. Sizde kek yapıyorum.
15. Ben hiçbir şeyde korkmuyorum.
16. Trafik polisi şoförde soru soruyor.
17. Dolapta süt yok mu?
18. – Cüzdan nerede?
    – Cüzdan çekmecede.
19. – Nereye gidiyorsun?
    – Kütüphaneye gidiyorum.
20. – Neden korkuyorsun?
    – Köpekte korkuyorum.

13 Okuyalım, işaretleyelim

Merhaba, benim adım Eser. Ben 28 yaşındayım. Ankara'da kardeşimle yaşıyorum. Bir şirkette mühendisim boş zamanlarımda gitar çalıyorum.

Hafta içi genellikle akşam altıya kadar şirkette oluyorum. Geceleri de bir barda gitar çalıyorum.

Hafta sonları geç kalkıyorum. Kahvaltı etmiyorum, sadece bir fincan kahve içiyorum. Biraz gazete okuduktan ve televizyon izledikten sonra evden çıkıyorum ve spor salonuna gidiyorum. Yaklaşık iki saat spor yapıyorum. Daha sonra eve dönüyorum, duş alıyorum ve arkadaşlarımla yemeğe çıkıyorum. Yemekten sonra gece on bire kadar prova yapıyoruz. Saat on ikide sahneye çıkıyoruz.

Bu tempo beni yormuyor. Çünkü işimi çok seviyorum.

	Doğru	Yanlış
1. Eser bir şirkette mühendis.	☒	☐
2. Eser hafta içi akşam altıdan önce işten çıkıyor.	☐	☐
3. Eser hafta sonları kahvaltıdan hemen sonra dışarı çıkıyor.	☐	☐
4. Eser yirmi altı yaşında.	☐	☐
5. Eser provadan önce arkadaşlarıyla yemek yiyor.	☐	☐

14 Soralım

1. *Natalia nereden geliyor* ?

   Natalia Rusya'dan geliyor.

2. ______________________________?

   Annem bana para veriyor.

3. ______________________________?

   Biz kütüphanede ders çalışıyoruz.

4. ______________________________?

   Çocuklar kitap okuyor.

5. ______________________________?

   Şimdi yemek yemek istiyorum.

6. ______________________________?

   Köpek, kediye bakıyor.

7. ______________________________?

   Ali bu oyundan hiç sıkılmıyor.

8. ______________________________?

   Öğrenciler yurda dönüyor.

9. ______________________________?

   İşçiler fabrikadan çıkıyor.

10. ______________________________?

    Yolcular uçağa biniyorlar.

11. ______________________________?

    Resimlere bakıyorum.

12. ______________________________?

    Fabrikada çalışıyor.

2.3 Saatler

15 Yerleştirelim

yazın • ilkbaharda • kışın • üçte • on birde • sabahları

1. *Yazın* denizde yüzüyoruz.
2. Öğleden sonra saat ______________ dersten çıkıyoruz.
3. Genellikle ______________ kahvaltı etmiyorum.
4. ______________ Uludağ'da kayak yapıyorum.
5. ______________ çiçekler açıyor.
6. Gece saat ______________ uyuyorum.

16 Okunuşunu yazalım

1. 12:40 *Bire yirmi var*
2. 09:00 ______________
3. 15:15 ______________
4. 20:20 yirmi yirmi geçiyor / sekizi yirmi geçiyor
5. 08:45 ______________
6. 14:10 ______________
7. 16:50 ______________
8. 12:30 ______________

17 Yanıtlayalım

1. Saat kaçta evde oluyorsun? *(19.30)*

   Akşam saat yedi buçukta evde oluyorum .
2. Saat kaçta uyanıyorsun? *(06.45)*

   ______________ .
3. Saat kaçta yola çıkıyorsun? *(23.40)*

   ______________ .
4. Saat kaçta sinemaya gidiyoruz? *(16.00)*

   ______________ .
5. Tren saat kaçta hareket ediyor? *(20.15)*

   ______________ .
6. Kurs saat kaçta bitiyor? *(12.50)*

   ______________ .

18 Yanıtlayalım

1. Kaçtan kaça kadar çalışıyorsunuz?

   ______________ .
2. Günde kaç saat TV seyrediyorsunuz?

   ______________ .
3. Haftada kaç gün dışarıda yemek yiyorsunuz?

   ______________ .
4. Ayda kaç defa sinemaya gidiyorsunuz?

   ______________ .
5. Hafta sonları saat kaça kadar uyuyorsunuz?

   ______________ .

19 Tamamlayalım

1. Yatmadan önce *dişlerimi fırçalıyorum* .
2. Her sabah uyandıktan sonra kahvaltı yapıyorum .
3. Evden çıkmadan on dakika önce çanta hazırlıyorum .
4. İşten çıktıktan sonra kuaföre gidiyorum .
5. Ders başlamadan yarım saat önce alışveriş yapıyorum .
6. Tatile çıkmadan önce çalıyorum .

20 Tamamlayalım

1. *Sinemaya girmeden önce* bilet alıyorum.
2. Dışarı çıkmadan önce duş alıyorum.
3. Kaynattıktan sonra yemek yiyorum.
4. Ütü yaptıktan sonra dinleniyorum.
5. Kitap okuduktan sonra ışığı kapatıyorum.
6. Bulaşık yıkamadan önce sofrayı kaldırıyorum.

21 Tamamlayalım

1. *Alışveriş yapmadan önce* .

   Alışveriş listesi yapıyorum.
2. Telefon ettikten sonra .

   Randevu alıyorum.
3. Meviden yükseldikten sonra .

   Kapıyı çalıyorum.
4. Yemek pişirdikten sonra .

   Sofrayı topluyorum.
5. Seyahat etmeden önce .

   Vize alıyorum.
6. Oynamadan önce .

   Öğretmenden izin alıyorum.

22 Okuyalım, yazalım

Sabah	Öğle
07.30 Uyanıyorum. 07.40 Kahvaltı ediyorum. 08.15 Giyiniyorum. 08.40 Evden çıkıyorum. 08.50 Otobüse biniyorum. 09.00 Okula gidiyorum.	12.50 Eve dönüyorum. 13.30 Öğle yemeği yiyorum. 14.30 Ödev yapıyorum.
Akşam	**Gece**
19.15 Akşam yemeği yiyorum. 19.45 Televizyon seyrediyorum.	23.40 Yatağıma yatıyorum. 24.00 Uyuyorum.

Volkan'ın Bir Günü

Volkan sabah saat yedi buçukta uyanıyor.

____

____

____

____

____

____

____

____

____

____

23 Tamamlayalım

(1)

Ben sabahları çok erken kalk*ıyorum*. Genellikle yedi____ uyan__________. Bir saat içinde hazırlan______ ve güzel bir kahvaltı yap______. Sekiz buçuk____ ev__________ çık____________. Saat dokuz______ okul_______ oluyorum.

(2)

Benim için hayat sabah on bir_______ başla________. Sabahları hiç acele et__________ çünkü çalış_________. Uyandıktan 1 saat sonra bir şeyler ye_______. O saatlerde pek çok insan öğle yemeği ye__________ ama ben kahvaltı et_________. Öğleden sonra saat üç__________ spor yap________.

(3)

Ben sabahları sinirli bir insan ol_________. Saat sekiz_________ uyan__________, on beş dakika________ hazırlan__________. Saat dokuz_______ ofis_______ ol_________. Ev_____ ofis______ yürü________. Sabahları kahvaltı yap__________, sadece kahve iç__________.

3 Yakın Çevremiz
1. Ailem ve Arkadaşlarım

1 Gruplayalım

babaanne • anneanne • hala • kuzen • teyze • dayı
amca • kuzen • yenge • dede • yenge • enişte • dede

Baba	Anne
babaanne	*anneanne*
hala	teyze
kuzen	kuzen
amca	dayı
enişte	enişte
yenge	yenge
dede	dede

2 Tamamlayalım

1. ben *im* oda *m*
2. ben *im* kol *um*
3. ben *im* göz *üm*
4. ben *im* burun *um*
5. ben *im* bilgisayar *ım*
6. sen *in* defter *in*
7. sen *in* sıra *n*
8. sen *in* çene *n* (kinh)
9. sen *in* kulak *ğın*
10. sen *in* ad *ın*
11. o *nun* silgi *si*
12. o *nun* masa *sı*
13. o *nun* kardeş *i*
14. o *nun* el *i*
15. o *nun* okul *u*
16. biz *im* çoraplar *ımız* (socks)
17. biz *im* öğrenci *miz*
18. biz *im* arkadaş *ımız*
19. biz *im* ev *imiz*
20. biz *im* para *mız*
21. siz *in* ödev *iniz*
22. siz *in* bahçe *niz*
23. siz *in* elma *nız*
24. siz *in* ağaç *ınız*
25. siz *in* adres *iniz*
26. onlar *ın* anne *sileri*
27. onlar *ın* ödev *ileri*
28. onlar *ın* çocuk *ları*
29. onlar *ın* kitap *ları*
30. onlar *ın* elbise *leri*

3 Tamamlayalım

1. Sınıf *ta* 20 kişi var.
   (Benim) sınıf *ımda* 20 kişi var.
   (Sizin) sınıf *ınızda* 20 kişi var.

2. Ayşe bugün ev *e* gidiyor.
   Ayşe bugün (senin) ev *ine* (-in-e) gidiyor.
   Ayşe bugün (onun) ev *ine* (-i-n-e) gidiyor.

3. Ben araba *ya* biniyorum.
   Ben (benim) araba *ma* biniyorum.
   Ben (sizin) araba *nıza* biniyorum.

4. Biz oda *da* oturuyoruz, müzik dinliyoruz.
   Biz (senin) oda *nda* oturuyoruz, müzik dinliyoruz.
   Biz (onun) oda *sında* oturuyoruz, müzik dinliyoruz.

5. Dolap *tan* kitap alıyorum. nehmen
   (Sizin) Dolap *ınızdan* kitap alıyorum.
   (Onların) Dolap *ından* kitap alıyorum.

6. Sınıf *a* yeni bir öğrenci geliyor. (neu)
   (Bizim) Sınıf *ımıza* yeni bir öğrenci geliyor.
   (Sizin) Sınıf *ınıza* yeni bir öğrenci geliyor.

7. Çocuk *ğu* bakıyorum.
   Ben (senin) çocuk *ğuna* bakıyorum.
   Ben (onun) çocuk *ğuna* bakıyorum.

8. Ben ev *de* ders çalışıyorum.
   Ben (onun) ev *inde* ders çalışıyorum.
   Ben (benim) ev *imde* ders çalışıyorum.

9. Kitapları masa *ya* koyuyorum. to put
   Kitapları (sizin) masa *nıza* koyuyorum.
   Kitapları (onların) masa *sına / masalarına* koyuyorum.

4 Okuyalım, tamamlayalım, işaretleyelim

BENİM GÜZEL AİLEM

Ben______ ad______ Semra. Ben 62 yaşındayım ve ev hanımıyım. Ben______ eş______ Tuncay Bey emekli öğretmen. O da 62 yaşında. Biz______ iki çocuk______ var. Bir kız ve bir erkek. Oğul______ 28 yaşında. O______ ad______ Tolga. Tolga İstanbul'da oturuyor ve konservatuvarda okuyor. O______ çok güzel bir kız arkadaş______ var. Onlar birkaç yıl sonra evlenmek istiyorlar. Biz______ büyük kız______ 32 yaşında. O______ ad______ Hande. Hande burada, Ankara'da oturuyor ve evli. O______ eş______ Murat bir lisede öğretmen. Onlar şimdi bebek bekliyorlar ve çok mutlular.

	62 yaşında	Bekar	Evli	Öğretmen
Semra	✓		✓	
Tuncay	✓		✓	(✓)
Tolga		✓		
Hande			✓	
Murat				✓

5 Okuyalım

En Yakın Arkadaşım

Benim en yakın arkadaşım Duygu'dur. Duygu 25 yaşında, genç ve güzel bir kız. Onun uzun sarı saçları ve mavi gözleri var. O, şimdi Ankara Üniversitesi tıp fakültesinde Okuyor ve iyi bir çocuk doktoru olmak istiyor.

Duygu benim çocukluk arkadaşım. Biz aynı mahallede birlikte büyüdük ve ikimiz de yine aynı mahallede oturuyoruz. Ailelerimiz de birbirlerini tanıyorlar. Onun babası mühendis, annesi öğretmen. Onun bir erkek kardeşi var, adı Murat.

Duygu çok iyi kalpli, yardımsever bir insan. İnsanlara yardım etmeyi çok seviyor. Duygu çok iyi bir insan. Onu çok seviyorum.

6 Yazalım

Ben de size bir arkadaşımı anlatayım:

7 Tamamlayalım

1. müdür*ün* oda*sı*
2. çay___ kaşık*ğı*
3. gümüş___ küpe___
4. araba___ tekerlek___
5. su___ bardak___
6. televizyon___ düğme___
7. Ankara___ hava___
8. altın___ bilezik___
9. telefon___ ses___
10. Murat___ gözlük___
11. elma___ kabuk___
12. Ali___ araba___
13. masa___ saat___
14. balkon___ kapı___
15. yemek___ tuz___
16. çilek___ reçel___
17. ev___ bahçe___
18. çocuk___ kitap___
19. mutfak___ lamba___
20. güneş___ gözlük___
21. tahta___ kalem___
22. sokak___ lamba___
23. çamaşır___ makine___
24. yatak___ oda___

8 Tamamlayalım

1. Türkiye'*nin* başkent*i* Ankara.
2. Oya___ bilet___ var mı?
3. Arkadaşım___ saç___ kısa.
4. Ayhan___ ceket___ mavi.
5. Esra___ omuz___ ağrıyor.
6. Ahmet___ oğul___ ilkokula gidiyor.
7. Öğretmen___ isim___ ne?
8. Ziraat___ Banka___ nerede?
9. Çocuk___ bisiklet___ kırmızı.
10. Bu kazak___ renk___ güzel.
11. Dolap___ kapak___ açık.

9 Eşleştirelim

Türkiye'nin	erkek kardeşi	bozuk
Radyonun	caddeleri	kalabalık
Olga'nın	odaları	deri
Köyün	**başkenti**	temiz
Arabanın	düğmesi	avukat
İstanbul'un	konusu	**Ankara**
Yemeğin	havası	kısa
Otelin	paçaları	az
Pantolonun	koltukları	konforlu
Romanın	tuzu	aşk

10 Tamamlayalım

1. Ben resmin tam ortasındayım. Ben*im* arka*m* da babam var.
2. Ben___ sol___ ___ var.
3. Baba___ ön___ ___ varım.
4. Büyükanne___ sol___ ___ var.
5. Baba___ yan___ ___ var.
6. Anne___ sağ___ ___ var.
7. Ben___ sağ___ ___ var.

11 İşaretleyelim

	Doğru	Yanlış
1. İran, Türkiye'nin güneyindedir.	☐	☐
2. Ege Denizi güneyde, Akdeniz kuzeydedir.	☐	☐
3. Karadeniz kuzeyde, Marmara Denizi kuzeybatıdadır.	☐	☐
4. Yunanistan, Türkiye'nin kuzeyindedir.	☐	☐
5. Bulgaristan, Türkiye'nin kuzeybatısındadır.	☐	☐
6. Irak, Türkiye'nin doğusundadır.	☐	☐

12 Okuyalım, işaretleyelim, yerleştirelim

TÜRKİYE

Türkiye, Asya ile Avrupa arasında bir köprüdür ve yaklaşık 70 milyon nüfuslu, büyük bir ülkedir. Dört denizi vardır. Bunlar; Karadeniz, Akdeniz, Ege Denizi ve Marmara Denizi'dir.

Türkiye'nin başkenti Ankara'dır. Ankara, İstanbul ve İzmir Türkiye'nin en büyük üç şehridir. En kalabalık şehri İstanbul'dur.

Türkiye'nin yedi bölgesi vardır. Bunlar; Marmara, Akdeniz, Karadeniz, Ege, İç Anadolu, Doğu Anadolu ve Güneydoğu Anadolu'dur. Başkent Ankara İç Anadolu Bölgesi'nde; İstanbul, Marmara Bölgesi'nde ve İzmir Ege Bölgesinde'dir.

Türkiye'de çok sayıda tarihi eser vardır. Denizi, güneşi ve sahilleri çok güzeldir. Bu nedenle Türkiye'ye her yıl dünyanın pek çok ülkesinden çok sayıda turist geliyor.

	Doğru	Yanlış
1. Türkiye'nin nüfusu 70 milyondur.	☒	☐
2. Türkiye'nin denizlerinden üçü Akdeniz, Karadeniz ve İç Anadolu'dur.	☐	☒
3. Ankara, Türkiye'nin başkentidir.	☒	☐

Türkiye'ye çok turist geliyor. Çünkü Türkiye'de çok güzel ________ vardır.

☐ şehirler ☐ bölgeler

☒ sahiller ☐ köprüler

deniz • bölge • nüfus

1. Türkiye'de yedi __bölge__ vardır.
2. Türkiye'de dört __deniz__ vardır.
3. Türkiye'de __nüfus__ yaklaşık 70 milyondur.

13 Eş ve zıt anlamlılarını yazalım

şehir = *kent*		yıl = sene	
büyük x *küçük*		sahil = kıyı	
güzel x çirkin		etraf = çevre	

14 Dinleyelim, tamamlayalım

Kursa Kayıt

Kayıt sırası 59

Dave : İyi günler.
Görevli : İyi günler. Buyurun.
Dave : Türkçe kursuna kayıt yaptırmak istiyorum.
Görevli : Tabii, adınız nedir?
Dave : Adım Dave.
Görevli : soyadınız?
Dave : Klein.
Görevli : Pardon?
Dave : Klein. K-l-e-i-n.
Görevli : Teşekkürler. doğum yeriniz?
Dave : Doğum yerim İngiltere.
Görevli : tarihiniz?
Dave : 25.05.1975
Görevli : Adresiniz lütfen?
Dave : Hoşdere Caddesi, Hava Sokak, 65/1 Çankaya-Ankara.
Görevli : Cep telefonunuz var mı?
Dave : Tabii, var. 0537 852 96 74.
Görevli : Tamam. Buyurun, TÖMER kartınız.
Dave : Ders bugün başlıyor mu?
Görevli : Hayır, dersler pazartesi günü başlıyor.
Dave : Hangi sınıfta?
Görevli : 4 kat 17 numaralı sınıfta.
Dave : Teşekkür ederim, iyi günler.
Görevli : Rica ederim, size de iyi günler.

15 Bir diyalog oluşturalım

- Kimlik bilgileri
- Kurs günleri ve saatleri
- Ücret bilgileri
- Adres bilgileri
- Ödeme bilgileri

16 Tamamlayalım

1. Kedi, çalışma __Ø__ masa _sının_ alt _ında_ uyuyor.
2. Biz_im_ sınıf_ımızın_ perdeler_inin_ renk_i_ beyaz.
3. Ben, Ahmet_'in_ ev_inin_ yan_ında_ oturuyorum.
4. Kışın büyük şehirler_in_ hava_sı_ çok kirlidir. (Im Winter, schmutzig)
5. Ben_im_ isim_imin_ ilk _Ø_ harf_i_ "A". (Name / Adjektiv)
6. Seni Beşiktaş _Ø_ İskele_sinde_ bekliyorum. (erwarten, warten auf)
7. Masa_nın_ üst_ünde_ su _Ø_ bardak_ı_ var mı? (Glas Becher)
8. Düğünde gelin_in_ ayakkabı_sının_ alt_ına_ adımı yazıyorum. (Hochzeit / feier Braut)
9. Seda_nın_ spor _Ø_ ayakkabı_sının_ bağcıkları_____ çok uzun.
10. Sen_in_ sırt _Ø_ çanta_nın_ fermuar_ı_ açık. (Rücken / Reißverschluss)
11. O_nun_ ev_inin_ bahçe_sinde_ bir yüzme _Ø_ havuz_u_ var.

17 Tümce kuralım

1. İstanbul'dur / şehri / büyük / Türkiye'nin / en
   Türkiye'nin en büyük şehri İstanbul'dur.
2. Otel'inin / buluşuyoruz / önünde / Hilton
   Hilton Otel'inin önünde buluşuyoruz.
3. mavi / kızının / gözleri / ablamın
   Ablamın kızının gözleri mavi.
4. Ankara / ülkemin / başkenti / benim
   Benim ülkemin Ankara başkenti.
5. ilginç / konusu / kitabın / bu / çok
   Bu çok ilginç kitabın konusu.
6. annesi / Gülce'nin / doktor / arkadaşının / erkek
   _Gülce'nin _____._
7. camı / Ceren'in / kırık / gözlüğünün
   Ceren'in camı gözlüğü kırık.
8. kavanozunun / nerede / reçel / kapağı
   Reçel kavanozun kapağı nerede?
9. bekliyorum / kapısının / okulun / önünde
   Okulun kapısının önünde bekliyorum.
10. İngilizce / tarihini / kursunun / bilmiyorum / başlangıç
    İngilizce kursunun başlangıç tarihini bilmiyorum.

18 Tamamlayalım, işaretleyelim

BODRUM

Bodrum, Ege'de turistik bir ilçe____. Burada evler____ çok____ beyaz. Beyaz evler ilçe_nin_ en önemli sembol_ü_____. Ünlü Bodrum Kale_si_ liman_ın_ karşı_sında_ Kale_nin_ iç_inde_ Sualtı Arkeoloji Müze_si_ var. Kale_nin_ yan_ında_, sahilde pek çok hediyelik eşya dükkanı var. Barlar Sokağı çok ünlü. Geceleri bu sokak çok dolu ve canlı oluyor. Barlar sokak_sının_ yan_ında_ mağazalar ve dükkanlar var. Özellikle deri dükkanları yerli ve yabancı turistlerin ilgisini çekiyor.

1. Bodrum Kalesi _____.
   a. limanın karşısında ✓
   b. denizden uzak
   c. müzenin yanında

2. _____ hediyelik eşya dükkanı var.
   a. Bodrum Kalesi'nin içinde
   b. Bodrum Kalesi'nin üst sokağında
   c. Bodrum Kalesi'nin yanında ✓

3. Turistler en çok _____ ile ilgileniyorlar.
   a. deri dükkanları ✓
   b. barlar
   c. diskolar

19 Tamamlayalım

Belediye Otobüsü

Ben her sabah okula otobüsle gidiyorum. Otobüs durak*ı* biz*im* ev*imize* yakın. Sabahları durakta çok beklemiyorum. Durağa gittikten 5 dakika sonra otobüs geliyor ve ben hemen otobüse biniyorum. Otobüs___ şoför*ü* çok güler yüzlü bir insan. Her sabah bize "Günaydın" diyor ve bize paso soruyor. Hep*bin* paso*su* var, bu nedenle öğrenci bilet*i* kullanmak mümkün. Ben genellikle otobüs*ün* arka*sında* oturuyorum. Arkada oturmayı seviyorum. Rahat rahat kitap okuyorum. Bazen otobüs çok kalabalık oluyor. Yolcular*ın* bazıları ayakta kalıyor.

Bugün sabah hava biraz serindi. Bu yüzden otobüs*ün* bütün camları kapalıydı. Benim okulum otobüs*ün* son durak*ı*. Yani ben son durakta otobüsten iniyorum ve okula gidiyorum. Sınıfım okul*u* en üst kat*ında*. Derse girmeden önce okul*un* kantin*inde* arkadaşlarımla çay içiyorum ve sonra derse giriyorum. Ders elli dakika sürüyor ve sonra teneffüs zil*i* çalıyor. Günde dört saat dersim var. Dersten sonra okul*un* kütüphane*sine* gidiyorum ve orada bir saat ders çalışıyorum. Okul*un* yan*ında* kapalı spor salon*u* var. Orada basketbol oynuyorum. Sonra yine otobüse biniyorum ve eve geliyorum.

20 Eşleştirelim

Akrabalarımız

1. Babamın kız kardeşi benim — [9] büyükbabanızdır.
2. Annenin erkek kardeşi senin — [3] ağabeyimdir.
3. Büyük erkek kardeşim benim — [6] teyzemdir.
4. Babamızın erkek kardeşi bizim — [8] eniştemdir.
5. Büyük kız kardeşim benim — [7] dayındır.
6. Annemin kız kardeşi benim — [10] anneannendir.
7. Babanızın annesi sizin — [4] amcamızdır.
8. Annemin kız kardeşinin eşi benim — [1] halamdır.
9. Babanızın babası sizin — [5] ablamdır.
10. Annenin annesi senin — [2] babaannenizdir.

21 Tamamlayalım

1. Antalya'*nın* hava*sı* çok nemli.
2. Türkiye'*nin* en yağmurlu bölge*si* Karadeniz'dir.
3. Tatilde insanlar deniz kenar*ında* güneşleniyorlar.
4. Kitab*ın* Kapak*ının* renk*i* çok güzel.
5. Sokağ*ın* baş*ında* taksi durak*ı* var.
6. Bu yaz tatil için gençlik kamp*ına* gidiyorum.
7. Kitapları masa*nın* Çekmece*sine* koydum.
8. Konuklar müdür*ün* oda*sında* oturuyorlar.
9. Cüzdan*ın* İç*inde* para aldım.
10. Bayramda misafirlere Türk kahve*si* ikram ediyoruz.

22 Tarif edelim

Ne, Nerede?

Kuaför	Otopark	Benzinlik		Spor Merkezi		
DEFNE SOKAK			İ			
Fırın	Kafe	Kasap	N	TÖMER	Restoran	Kuaför
Büfe	Manav	Kafe	Ö			Büfe
BESTEKAR SOKAK			N	Market	Banka	
Mağaza	İnternet Kafe		Ü			Çocuk Parkı
Otopark	Spor Merkezi		C	Sinema	Mağaza	
GAMZE SOKAK			A			
Metro	Züccaciye		D	Alışveriş Merkezi		Gar
Otel	Berber	Kırtasiye	D	Otopark		
ATATÜRK BULVARI			E			
Sinema	Belediye		S	Valilik		Migros
			İ			

1. Banka, _sinema ve marketin arkasında, mağaza ile restoranın arasında_
2. Otel, Atatürk Bulvarında, sinemanın karşısında
3. Berber, Otelin ve kırtasiyenin içinde var
4. Gar, alışveriş merkezinin ve otoparkın arasında
5. Fırın, kafenin yanında, defne sokak
6. TÖMER, spor merkezi karşısında, restoranın ve marketin arasında

4 Zaman Geçiyor

1. Ne Zaman Ne Oldu?

1 Tamamlayalım

Didem'in Ajandası

Pazartesi	10 arkadaşlarıyla sinemaya git-	17
Salı	11	18 temizlik yap-
Çarşamba	12 saat 14.00 alışverişe çık-	19 (bugün)
Perşembe	13 saat 21.00 arkadaşlarıyla buluş-	20
Cuma	14 konser provası yap-	21
Cumartesi	15 saat 20.00 konser ver-	22
Pazar	16 dinlen-	23

1. Pazartesi günü *arkadaşlarıyla sinemaya gitti.*
2. Çarşamba öğleden sonra ________________.
3. Perşembe akşamı ________________.
4. Konserden bir gün önce ________________.
5. Dört gün önce ________________.
6. Pazar günü sadece ________________.
7. Önceki gün ________________.
8. Dün ________________.

2 Tamamlayalım

Ali : Dün ne yap________?

Ahmet : Okula git________.

Ali : Orada Ayşe'yi gör________ ________?

Ahmet : Hayır, Ayşe'yi gör________ ama erkek arkadaşıyla konuş________. Sen niçin Ayşe'yi sor________?

Ali : Ayşe'yle aynı dersleri al________. Ben geçen hafta okula hiç git________. Ondan ders notlarını almak iste________.

Ahmet : Hmm... Ben sana Ayşe'nin telefon numarasını vereyim.

Ali : Tamam, sağol.

3 Tamamlayalım, yanıtlayalım

1. a) Hergün gazete oku*yor* *musun*?
   Evet, *okuyorum* / Hayır, *okumuyorum*.
   b) Dün gazete oku*dun* *mu*?
   Evet, *okudum* / Hayır, *okumadım*.
2. a) Spor yap________ ________?
   Evet, ________ / Hayır, ________.
   b) Dün spor yap________ ________?
   Evet, ________ / Hayır, ________.
3. a) Buraya kışın çok kar yağ________ ________?
   Evet, ________ / Hayır, ________.
   b) Buraya geçen kış çok kar yağ________ ________?
   Evet, ________ / Hayır, ________.
4. a) Annenler bu yaz tatile çık________ ________?
   Evet, ________ / Hayır, ________.
   b) Annenler geçen yaz tatile çık________ ________?
   Evet, ________ / Hayır, ________.

4 Tamamlayalım, eşleştirelim

1. Genellikle her sabah saat yedide *kalkıyorum*, ama bu sabah sekizde kalk*tım* ______ ve işe geç kal*dım* ______.
2. Derya her akşam kitap oku______, ama ______.
3. Biz her yıl tatilde bir otelde kal______, ama ______.
4. Kışın Erzurum'a çok kar yağ______, ama ______.
5. Öğrenciler her sabah okula gitmek için servise bin______, ama ______.

[1] bu sabah 08.00'da *(kalk-)* *kalktım* ve işe geç *(kal-)* *kaldım*.
[ ] geçen yaz çadırda *(kal-)* ______, harikaydı.
[ ] bu yıl çok kar *(yağ-)* ______.
[ ] bu sabah servis bozuldu, otobüse *(bin-)* ______.
[ ] bu akşam sadece ders *(çalış-)* ______, çünkü yarın sınav var.

5 Yazalım

Şu anda *TÖMER'de Türkçe öğreniyorum.*
1 yıl önce ______.
3 yıl önce ______.
5 yıl önce ______.
10 yıl önce ______.
15 yıl önce ______.

6 Tamamlayalım

Genellikle sabahları erken uyan*ıyorum* ama dün pazardı ve geç kalk______. Farklı bir gün yaşamak istedim. Önce güzel bir kahvaltı yap______. Normalde, hafta içi kahvaltı yap______, çünkü zamanım olmuyor. Saat ikide evden çıktım ve deniz kenarında yürüyüşe git______. Akşama doğru arkadaşlarımla buluş______, beraber yemek ye______ ve sinemaya git______. Akşam eve çok mutlu dön______. Bugün pazartesi ve şu anda işe git______. Yeni ve yorucu bir hafta beni bekle______.

7 Yerleştirelim

yayımla- • yap- • ilan et- • bırak- • al- • öl-

- **Yıl 1605**
  Cervantes "Don Kişot"un ilk bölümünü *yayımladı*.
- **Yıl 1885**
  Louis Pasteur, kuduz aşısını ilk kez bir insana ______.
- **Yıl 1921**
  Albert Einstein, Nobel Fizik Ödülü'nü ______.
- **Yıl 1923**
  Mustafa Kemal Atatürk, Cumhuriyet'i ______.
- **Yıl 1977**
  Charlie Chaplin ______.
- **Yıl 1977**
  Brazilyalı ünlü futbolcu Pele futbolu ______.

8 Tümce kuralım

1. uçak / bin / hayat / hiç *(Geçmiş zaman, olumsuz)*
   Hayatımda hiç uçağa binmedim.
2. biz / önceki / yıl / yaz tatili / iki / İtalya / git- *(Geçmiş zaman, olumlu)*
   ______.
3. hepsi / kullan- / günümüzde / gençler / internet *(Şimdiki zaman, olumlu)*
   ______.
4. sabah / teyze / hastane / ziyaret et- / yarın / ben *(İstek kipi, olumlu)*
   ______.
5. dün / toplantı / kaçta / saat / akşam / bit- *(Geçmiş zaman, olumlu)*
   ______.

9 İşaretleyelim

1. Amcam geçen hafta Almanya'ya __________ .
   ☐ gidiyor ☐ gitti ☐ gittiniz
2. Biz geçen yıl tatile __________ .
   ☐ çıkıyoruz ☐ çıktık ☐ çıktınız
3. Ben 1968'de Trabzon'da __________ .
   ☐ doğduk ☐ doğdular ☐ doğdum
4. Yarın sinemaya __________?
   ☐ gittik mi ☐ gidiyor muyuz ☐ gittiniz mi
5. İki saat önce __________?
   ☐ neredeydin ☐ neredesin ☐ nerede
6. Dün seni çok __________ . Neredeydin?
   ☐ arıyorum ☐ arıyor muyum ☐ aradım
7. Siz hangi __________?
   ☐ sınıftayız ☐ sınıftaydınız ☐ sınıftaydık
8. Dün kaç saat __________?
   ☐ çalışıyor ☐ çalıştın ☐ çalışıyorsun
9. Biraz önce telefon __________ .
   ☐ etsin ☐ ettim ☐ ediyorum
10. Geçen hafta sınav __________?
   ☐ hangi gün ☐ saat kaçta ☐ hangi gündü

10 Tümce kuralım

1. hafta / çok / hava / geçen / soğuk
   Geçen hafta hava çok soğuktu.
2. toplantı / var / ama / dün / ben / katıl-
   ______________________________ .
3. eğlenceli / konser / ama / çok / soğuk / hava
   ______________________________ .
4. Ankara / küçük / eskiden / kasaba / bir
   ______________________________ .
5. zor / ama / sınav / geç- / hepiniz
   ______________________________ .
6. akşam / ne / dün / yemek / var
   ______________________________ .
7. sabah / kaç / bu / saat / kalkmak
   ______________________________ .
8. Antalya / kaç / kalmak / gün
   ______________________________ .
9. geçen / vakit / biz / geçirmek / hafta sonu / iyi
   ______________________________ .

11 Okuyalım, tamamlayalım

KIZILAY MEYDANI

Benim çocukluğum ve gençliğim Ankara'da geç*ti*______ . Yirmi beş yaşımda yurt dışına git__________ ve uzun yıllar yurt dışında yaşa__________ . Geçen yıl, emekli olduktan sonra Ankara'ya dön__________ ve çok şaşır__________ . Çünkü Ankara'yı çok farklı bul__________ örneğin Kızılay Meydanı. Ben gitmeden önce Kızılay Meydanı çok farklı__________ . O zamanlar trafik kalabalık değil__________ ve meydan çok sakin__________ . Büyük binaların yerinde çok güzel parklar var__________ . Şimdi ise Kızılay Meydanı Ankara'nın en kalabalık ve gürültülü yeri.

12 Tamamlayalım

1. Ben geçen sene öğretmen*dim*______ .
2. Ben üniversitede çok çalışkan________ .
3. Ali iki gün önce çok hasta________, şimdi çok iyi.
4. Sen dün çok mutlu________, ama bugün çok mutsuz________ .
5. Biz geçen sene Ürdün________, şimdi Türkiye________ .
6. Ben geçen yıl öğrenci değil________, şimdi öğrenci________ .
7. Dün sınıfta Özgür var ________?
8. Dün bir film seyrettiniz. Güzel ________?

13 Tamamlayalım, yanıtlayalım

1. Sen hayatında hiç tenis oyna__________?
   Evet ____________________ .
   Hayır ____________________ .
2. Bahçedeki çiçekleri sula__________?
   Evet ____________________ .
   Hayır ____________________ .
3. Sınav için çok çalış__________?
   Evet ____________________ .
   Hayır ____________________ .
4. Tatilde iyice dinlen__________?
   Evet ____________________ .
   Hayır ____________________ .
5. Uçağın zamanında __________?
   Evet ____________________ .
   Hayır ____________________ .
6. Arkadaşına yılbaşı hediyesi al__________?
   Evet ____________________ .
   Hayır ____________________ .
7. Elektrik faturasının öde__________?
   Evet ____________________ .
   Hayır ____________________ .
8. İstanbul'a gitmek için otobüste yer ayırt__________?
   Evet ____________________ .
   Hayır ____________________ .

14 Okuyalım, tamamlayalım

Fatma : Aaa! Ayşe hoş geldin, ne haber?

Ayşe : İyilik canım, sen nasılsın? Neler yap*tın*?

Fatma : İyiyim, herşey aynı, hep okuldaydım.

Ayşe : Sibel ve Selen ne yap________?

Fatma : Onların geçen hafta sınavları var________, bütün hafta ders çalış________. Sen neler yaptın?

Ayşe : Biliyorsun İzmir'deydim. Sadece bir hafta kal________ ama herkesi çok özle________.

15 Okuyalım, cevap yazalım

Sevgili Ornella,

Şu anda Zonguldak yakınlarında küçük bir kasabadayım. Hava çok güzel. Burası harika bir yer.

Bu tatil, babamdan bana bir hediye. Biliyorsun, bu yıl üniversiteden mezun oldum. Mezuniyet töreni çok güzel geçti. Herkesin ailesi geldi. Bizler bembeyaz hemşire formalarımızı giydik ve diplomalarımızı aldık.

Akşam da güzel bir otelde balomuz vardı. Baloda bütün kızlar şık elbiseler giydi. Herkes çok güzeldi. Geç saatlere kadar eğlendik, dans ettik, yedik, içtik. Her şey harikaydı ama ne yazık ki Murat yoktu. Kalabalığın içinde kendimi çok yalnız hissettim.

Murat bu yıl İngiltere'de doktoraya başladı. Bu yüzden tatile de gelmedi. Onu çok özledim. Seni de çok özledim. Bu yıl okul bitiyor, değil mi? Mezuniyetinden sonra Türkiye'ye tekrar gel.

Kendine iyi bak. Cevabını dört gözle bekliyorum.

Sevgilerimle

Nuray

Sevgili Nuray,

____

16 Dinleyelim, tamamlayalım
Diyaloglar

Kayıt sırası 60

1. Diyalog

Hande : Alo?
Tülay : Selam Hande, ne haber? Dün seni ______ ama evde ______ .
Hande : Hayır! Evde______ .
Tülay : O zaman telefonu ______ .
Hande : ______ , saat ikide temizlik ______ . Elektrik süpürgesi ______ . Belki bunun için telefonu ______ .

2. Diyalog

Ezgi : İdil, dün senin kuzenin Hale'ye ______ .
İdil : Aaa öyle mi? Nerede? ______ ______?
Ezgi : Evet, ben bir mağazada alışveriş ______ . O da vitrine ______ . Sonra ben mağazadan ______ ve biraz ______ .

3. Diyalog

Ahmet : Üff! Kaza nasıl ______, anlamıyorum Memur Bey. Ben yolun sağından ______ , ama o araba ters yönden ______ .
Polis : Peki siz hızlı mı ______?
Ahmet : Hayır, 50 ile ______ . Bir anda o arabayı karşımda ______ ve ______. Ben hemen arabadan ______ ama o sırada diğer araba ______ .
Polis : Anlıyorum, tamam sakin olun.

4. Diyalog

Ayşen : Alo?
Pelin : Merhaba Ayşenciğim.
Ayşen : Aaa Pelin, selam. Biz de Esra ile senden ______ .
Pelin : Öyle mi? Demek dedikodumu ______ ! Şaka şaka! Ayşenciğim benim çok başım ağrıyor. Derse gelmiyorum. Akşama ödevleri senden almak istiyorum.
Ayşen : Elbette, geçmiş olsun canım, görüşürüz.

A. Tülay Hande'yi ______ . Hande telefonu ______, çünkü o sırada temizlik ______ .

B. Ezgi Onur'a mağazada ______ . O sırada Ezgi alışveriş ______ . Onlar ______ .

C. Ahmet yolun sağından ______ ama diğer araba ters yönde______ . Onlar ______ .

D. Pelin Ayşen'i ______ . O sırada Esra ve Ayşen Pelin'den ______ . Pelin o gün hasta______ .

17 Tamamlayalım

ÜNİVERSİTE YILLARI

Ben üniversitedeyken yurtta kal*ıyordum* . Odada dört arkadaştık. Hepimiz ailelerimizden ayrı______ ve onları çok özle______ . Öğrenci______ hayat daha zevkli ve kolay______ . Arkadaşlarımızla her zaman birbirimize yardım et______ ve birlikte çok eğlen______ . Akşamları odada değişik salatalar yap______ , televizyonun karşısında ye______ . Yemekten sonra ders çalış______ , biraz daha sohbet et______ ve sonra uyu______ .

En güzel zamanlarımızı bahçede geçir______ . Havalar sıcak______ bahçede otur______ , çay-kahve iç______ . Bazı akşamlar bir arkadaşımız bize bahçede gitar çal______, biz de şarkılar söyle______ .

Geçen yıl üniversiteden mezun ol______ . Şimdi çalışıyorum. Okul bittikten sonra hayat benim için çok zorlaş______ . Bazen üniversite yıllarımı çok özlüyorum.

18 Eşleştirelim

Yurttayken	çocukları onun yemeklerinin kokusunu salondan alıyordu.
Yurt dışındayken	çalışıyordum ve aynı zamanda okula gidiyordum.
Sevgi Hanım mutfaktayken	kendime daha fazla vakit ayırıyordum.
Arkadaşlarımlayken	insanlar sıkılmıyor muydu?
Acaba televizyon yokken	zaman çok çabuk geçiyordu.
Bu şirkette yönetici değilken	**oda arkadaşlarımla çok sorun yaşıyordum.**
Onunla nişanlıyken	aileni çok özlüyor muydun?
Dayımın çiftliğindeyken	köpeğimle ava çıkıyorduk.
16 yaşındayken	her gün beş kez telefonla konuşuyorduk.
Kuzenim annesiyle beraberken	hiç yaramazlık yapmıyor, ancak babasıyla beraberken çok yaramazlık yapıyordu.

19 Tamamlayalım

1. Sen bebekken süt iç*iyor muydun* ?
   Evet *ben bebekken süt içiyordum* .
   Hayır *ben bebekken süt içmiyordum* .
2. Siz gençken futbol oyna________?
   Evet ________.
   Hayır ________.
3. Türkiye'ye gelmeden önce Türkçe bil________?
   Evet ________.
   Hayır ________.
4. Ülkendeyken araba kullan________?
   Evet ________.
   Hayır ________.
5. Anne, ben çocukken yaramazlık yap________?
   Evet ________.
   Hayır ________.
6. Sen santranç oynamayı bil________?
   Evet ________.
   Hayır ________.
7. Unuttum, sen yemek yapmayı sev________?
   Evet ________.
   Hayır ________.
8. Sen küçükken köpekten kork________?
   Evet ________.
   Hayır ________.

20 Tamamlayalım

Ben beş yaşındayken babam hayatımdaki en önemli insan*dı*______. O zamanlar bana göre her şeyi en iyi o bil______. Bana masallar, hikayeler anlat______. Ben______ oyunlar oyna______.

Sonra ben okula başla______. İlkokul______ babam bana derslerimde yardım et______. Bazen ödevlerimi yap______. Ama o yıllarda bana göre her şeyi en iyi öğretmenim bil______.

Yıllar geç______ ve ben on beş yaşına gel______. O zamanlar babam______ çok fazla zaman geçir______. Genellikle arkadaşlarım______ geziyor, eğlen______ ya da ders çalış______. Bana göre her şeyi en iyi arkadaşlarım bil______.

Yirmi yaşında______ üniversitede ikinci sınıfa git______. Hareketli bir sosyal hayatım var______ ve çok kitap oku______. O zamanlar bana göre her şeyi en iyi ben bil______.

Şimdi kırk iki yaşında______. Artık ben de bir baba______. Babam hala hayatımda çok önemli bir insan. Zor günlerimde önce ondan yardım iste______.

5 Afiyet Olsun

1. Ne Yiyelim?

1 Dolduralım

2 Dinleyelim, tamamlayalım

Kayıt sırası 61

Manavda

Müşteri : Kolay gelsin.
Manav : Sağ olun. Hoş geldiniz.
Müşteri : Ben 1 kilo erik al________.
Manav : Yeşil erik mi?
Müşteri : Evet, yeşil ol________.
Manav : Buyurun. Üzümler de yeni geldi. İzmir üzümü. Ondan da ver________?
Müşteri : Yok, üzüm al________. Şeftali de güzel görünüyor. 2 kilo da şeftali, ama ezik ol________.
Manav : Merak et________.
Müşteri : Borcum ne kadar?
Manav : 6 TL.
Müşteri : Buyurun. Hayırlı işler.
Manav : Sağ olun. İyi günler.

3 Tamamlayalım

1. Bardaklar düş*üyor*____, lütfen dikkat e/*din*____!
2. Biraz daha bekle________, sınıf boşalsın.
3. Sınava hazırlan________, gürültü yap________.
4. Biz de yeni bir araba al________.
5. Sizi anla________, lütfen yavaş konuş________.
6. Çocuk üşü________, klimayı kapat________.
7. Duygu dışarıya çık________? İzin ver________?
8. Ben sofrayı kur________, siz de salatayı yap________.

4 Okuyalım, soralım

Sena : Alışverişe nereden başlayalım?

Aslı : Ben içecekleri alayım, Özlem meyve-sebze reyonuna gitsin, sen de temizlik ürünleri reyonuna git.

Sena : Haklısın, hemen başlayalım. 20 dakika sonra kasanın önünde buluşalım.

Özlem : Peki, ödemeyi kredi kartıyla mı yapalım, nakit mi?

Sena : Kredi kartıyla yapalım. Bende fazla para yok.

Özlem : Bende de.

Sena : Aslı, yiyeceklerin son kullanma tarihlerine bakmayı unutma!

Aslı : Tamam, bakarım.

1. ______________________________?
   Meyve-sebze, içecek ve temizlik ürünleri bölümünden alışveriş yapıyorlar.
2. ______________________________?
   Alışveriş sonrası buluşma yeri kasanın önü.
3. ______________________________?
   Ödemeyi kredi kartıyla yapıyorlar.
4. ______________________________?
   Alışverişe Aslı, Sena ve Özlem gidiyor.

5 Tamamlayalım

çok yaşa • gözün aydın • iyi şanslar • şerefe
tebrik ederim • güle güle kullan

1. – Hapşuuuuuu!
   – *Çok yaşa* .
2. Demek yarın sınavın var, sana ______________ .
3. Ali kadehini kaldırıyor ve "______________!". diyor.
4. Araban yeni galiba? ______________ .
5. – Canan'la nişanlandım.
   – Öyle mi? ______________ .
6. – Kardeşim yarın Amerika'dan geliyor.
   – Aaaa çok güzel, ______________ .

6 Yanıtlayalım

1. Yarın akşam sinemaya git______________?
   Evet ______________________________ .
   Hayır ______________________________ .
2. Bu akşam ders çalış______________?
   Evet ______________________________ .
   Hayır ______________________________ .
3. Sana bir bardak çay al______________?
   Evet ______________________________ .
   Hayır ______________________________ .
4. Bu ders televizyon seyret______________?
   Evet ______________________________ .
   Hayır ______________________________ .
5. Dersten sonra yemek ye______________?
   Evet ______________________________ .
   Hayır ______________________________ .
6. Hafta sonları spor yap______________?
   Evet ______________________________ .
   Hayır ______________________________ .
7. Yemekten sonra kahve iç______________?
   Evet ______________________________ .
   Hayır ______________________________ .

7 Tamamlayalım, diyalog oluşturalım

Can	Aynur
☐ Önce sinemaya git________? Ne dersin? Çok güzel filmler var.	☐ Tamam, çok iyi. Filmden sonra alışveriş yap______? Çünkü haftaya cumartesi babamın doğum günü. Ona bir kazak al______.
☐ Peki, cumartesi günü görüşürüz.	☐ Saat ikide TÖMER'in önünde buluş______?
☐ Bu hafta sonu ne yap______? Bir yerlere git______?	☐ Cumartesi sabah işim var ama öğleden sonra boşum. Ne yap______?
☐ Olur, ben de kendime kazak bak______. Cumartesi günü nerede ve saat kaçta buluş______?	

8 Tamamlayalım

1. Nere*lisin*____?
   Norveç*liyim*____.
2. Gözlük____, uzun boy____ kadın benim annem.
3. Baharat____ yemekleri daha çok seviyorum.
4. Ev____?
   Hayır, bekarım.
5. TÖMER'de birçok ülkeden öğrenci var; Amerika____, Hint____, Polonya____ ...
6. Ahmet üç oda____, balkon____ geniş mutfak____ bir ev kiraladı.
7. Sarı saç____, ela göz____, uzun boy____ kız Türkiye güzeli mi?
8. Sen İstanbul____?
   Hayır, İzmir____.
9. Yemekleri tuz____ ve yağ____ yapma.
10. Bugün hava parça____ bulut____.
11. Sizin oğlunuz başarı____, daha çok ders çalışsın.
12. Öğretmenimiz her zaman topuk____ ayakkabı giyiyor.
13. Alkol____ içki içmiyorum.
14. Ahmet bütün parasını harcadı, şimdi para____ geziyor.
15. Bu ev çok eski ve bakım____.
16. Sağlık____ yaşamak için stres____ ortamlardan uzak durun.
17. Lütfen derse defter____, kitap____ gelmeyin.
18. Dışarıya şemsiye____ çıkma! Bugün hava yağmur____.
19. O çok şans____, piyangodan çok para kazandı.
20. Sınıf çok hava____, pencereyi açın.
21. Her başarı____ erkeğin arkasında akıl____ bir kadın vardır.
22. Ben üç oda____, kalorifer____ ve asansör____ bir ev istiyorum.
23. Siyah şapka____, siyah palto____, siyah pantolon____ ve siyah gözlük____ adam beni takip ediyor.
24. Ahmet üzüm____ kek seviyor.
25. Bugün hava sis____ ve yağmur____, lütfen arabayı yavaş sür.

9 Tamamlayalım, yanıtlayalım

Dedikodu

İrem : Duydun mu? Mine nişanlanıyor.
Gülben: Sahi mi? Bilmiyordum. Kiminle?
İrem : Bizim şirketten Cenk'i hatırlıyor musun? Şu mimar çocuk.
Gülben: Cenk? Esmer, kısa boy____, gözlük____ çocuk mu?
İrem : Evet, evet o.
Gülben: Çok sevindim. Çok tanımıyorum ama iyi birine benziyordu.
İrem : Evet çok iyi kalp____, terbiye____ biridir. Çok da espri____. Ben de çok severim Cenk'i.
Gülben: Ne diyelim... Hayırlı olsun.

1. Cenk ve Derya nereden taşınıyorlar?
   ____________________.
2. Cenk nasıl biri?
   ____________________.
3. Gülben, Cenk'i tanıyor mu?
   ____________________.

10 Kendimizi tanıtalım

Arkadaş Arıyorum

Benim adım Tolga, 18 yaşında liseli bir gencim. Uzun boylu, yeşil gözlü ve esmerim. Arkadaşlarım bana "Çok eğlenceli ve güleryüzlüsün." diyor.

*Ben*____________________

11 İnceleyelim, eşleştirelim

[6] Sarışın, sevimli bir kız. Yüzü çilli. Üzerinde çizgili bir tişört var.

[ ] Genç bir adam. Elleri arkasında yürüyor. Biraz düşünceli ve mutsuz görünüyor.

[ ] Takım elbiseli bir bey. Bıyıklı ve sakallı. Elinde bir şemsiye var.

[ ] Kısa saçlı ve kısa pantolonlu bir çocuk. Elinde bir top var. Çok yaramaz görünüyor.

[ ] Kıvırcık saçlı, zayıf bir kız. Bir sırt çantası var ve elinde kitap taşıyor. Galiba üniversite öğrencisi.

[ ] Düz saçlı bir hanım. Topuklu ayakkabı giyiyor. İki elinde de poşet var. Galiba alışverişten dönüyor.

[ ] Uzun burunlu, zayıf, gözlüklü bir adam. Üzerinde kareli bir ceket var. Pipo içiyor.

[ ] Şapkalı, küçük çantalı, yaşlı bir bayan. Ellerinde siyah eldivenleri var. Düz, topuksuz bir ayakkabı giyiyor.

[ ] Kısa elbiseli, dalgalı saçlı bir hanım. Elleri belinde. Öfkeli görünüyor.

12 Bulalım

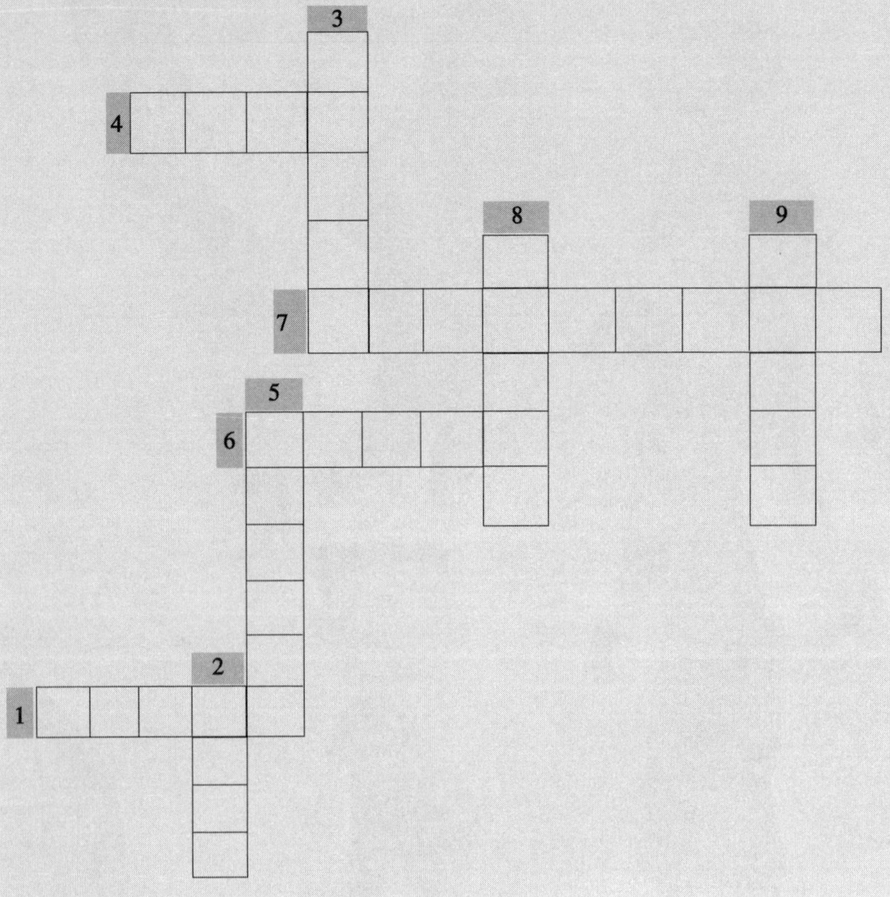

1. Sibirya, dünyanın en *soğuk* bölgesidir.
2. Nil Nehri, Amazon Nehri'nden daha ________ bir nehirdir.
3. Van Gölü Türkiye'nin en ________ gölüdür.
4. Mickey Mouse dünyanın en ________ faresidir.
5. Everest Tepesi dünyanın en ________ tepesidir.
6. Kaplumbağa tavşandan daha ________ bir hayvandır.
7. Dünyanın en ________ ülkesi Çin'dir.
8. Kaplan, kediden daha ______ bir hayvandır.
9. Dünyanın en ________ bölgesi Ekvator'dur.

13 Tümce kuralım

1. ben / aile / çocuk / en / küçük
   Ben ailemin en küçük çocuğuyum.
2. kız kardeş / çalışkan / daha / ben
   ________________________________.
3. ceket / renk / güzel / sen/ daha / ben / ceket / renk
   ________________________________.
4. restoran / lezzetli / mantı / yemek / en
   ________________________________.
5. en / annelik / dünya / iş / zor
   ________________________________.
6. en / kız / parti / güzel / Selen / akşam / bu
   ________________________________.
7. arkadaş / ben / sen / en / iyi
   ________________________________.
8. bugün / dün / daha / hava / sıcak
   ________________________________.
9. bence / zevkli / koşmak / yüzmek / daha
   ________________________________.
10. en / dükkan / ucuz / telefon / bu
    ________________________________.
11. Çin / ülke / kalabalık / en / dünya
    ________________________________.
12. sınıf / Ali / uzun / öğrenci / en / boylu
    ________________________________.
13. bu / araba / uygun / fiyat / daha / araba / o / fiyat
    ________________________________.
14. film / heyecanlı / en / sahne / yer / son
    ________________________________.

14 Okuyalım, işaretleyelim

Adı: **London Venue**
Oda sayısı: 80
Gecelik ücret: 120 $
Hava alanına uzaklık: 30 dakika

Adı: **Manhattan Plaza**
Oda sayısı: 150
Gecelik ücret: 220 $
Hava alanına uzaklık: 45 dakika

Adı: **Boğaz Otel**
Oda sayısı: 100
Gecelik ücret: 175 $
Hava alanına uzaklık: 1 saat

	Doğru	Yanlış
1. En pahalı otel Boğaz Otel.	☐	☐
2. London Venue Otel, Manhattan Plaza'dan daha ucuz.	☐	☐
3. Havaalanına en yakın otel Boğaz Otel.	☐	☐
4. London Venue'de, Manhattan Plaza'dan daha çok oda var.	☐	☐

15 Tamamlayalım, ekleyelim

Davetlerde Bunlara Dikkat Edin!

- Davete uygun kıyafet seç*iniz*__ ve makyaj yap*ınız*______.
- Sofraya asla yalnız otur________. Herkesle beraber hareket et________.
- Peçeteyi kucağınıza koy________. Ama o peçeteyle asla ağzınızı sil________.
- Tuzluklar üç delikli, biberlikler tek deliklidir; soslar ise servis elemanındadır, unut______!
- Garsonla göz göze gelmek için beklemek garsona seslenmekten daha kibar bir davranıştır. Garsona bağır________!
- Kül tablasına asla peçete, kürdan vb. at________.
- Davetsiz misafirler için masanızı asla başka bir masayla birleştir________!
- Masadaki çiçek dekoratiftir, onu al________!

Bizim kültürümüzde de...

____

____

____

6 Bürokrasi Her Yerde!

1. Sayın Yetkili

1 Yerleştirelim

Ayşe • süt • yatak • dört • durak • iki • otobüs • ev
kütüphane • öğretmen • yedi • otobüs • ders • banyo
diş • otobüs • kütüphane • Ömürbek • dokuz • mutfak
ev • durak • oda

Ömürbek her sabah *(kaçta?)* ____________ *(nereden?)* ____________ kalkıyor. *(nereye?)* ____________ gidiyor, elini ve yüzünü yıkıyor. (neyi?) ____________ fırçalıyor. *(nereye?)* ____________ gidiyor. Kahvaltıda bir bardak *(ne?)* ____________ içiyor. Sonra *(nereden?)* ____________ çıkıyor. *(nereye?)* ____________ gidiyor. *(nerede?)* ____________ otobüs bekliyor. Beş dakika sonra *(ne?)* ____________ geliyor. Ömürbek *(neye?)* ____________ biniyor. Ömürbek okula her sabah *(neyle?)* ____________ gidiyor. O, saat *(kaçta?)* ____________ okula geliyor. Ömürbek çalışkan bir öğrencidir. O her zaman *(kime?)* ____________ çok soru soruyor. Öğretmen *(kime?)* ____________ her zaman "Aferin." diyor.

Ömürbek dersten sonra *(kiminle?)* ____________ (nereye?) ____________ gidiyor. *(nerede?)* ____________ biraz kitap okuyor, *(ne?)* ____________ çalışıyor. Daha sonra *(nereye?)* ____________ dönüyor. O şimdi çok yorgun. Biraz uyumak için *(nereye?)* ____________ gidiyor, biraz yatıyor ve *(kaç?)* ____________ saat uyuyor. *(kaçta?)* ____________ yataktan kalkıyor.

2 Tamamlayalım

1. Televizyon *u* ____ kapatıyorum.
2. Ben bu pasta____ çok seviyorum.
3. Her an sen____ düşünüyorum.
4. Sen Ayşe____ görüyor musun? Ben onu bugünlerde hiç görmüyorum.
5. Bir gün bütün dünya____ gezmek istiyorum.
6. Anne, ütü____ nereye koyayım?
7. Çatallar____ masaya bırakıyorum.
8. Bu parfüm____ çok seviyorum.
9. Ablam, oda____ tertemiz yaptı.
10. Bu akşamki yemekler____ ben yaptım.
11. Dün sen____ çok aradım. Evde değilmiydin?
12. Atatürk Müzesi____ ziyaret ettik.
13. Yemeğin kapak____ açık unutma!
14. Boyacı ev____ boyuyor.
15. Boyacı evin odalar____ boyuyor.
16. Bu hediye____ sana aldım.
17. Çanta____ hazırladım. Yola çıkıyorum.
18. Sizinle gelmiyorum. Çünkü o____ tanımıyorum.

3 İşaretleyelim

1. Bana bir ________ verin.
   a) çayı b) çay
2. Bana şu ________ alın.
   a) kitabı b) kitap
3. Sana bir ________ sormak istiyorum.
   a) soru b) soruyu
4. Bu ________ sana sormak istiyorum.
   a) soru b) soruyu
5. Hangi ________ seviyorsun?
   a) yemek b) yemeği
6. Size güzel bir ________ pişirmek istiyorum.
   a) yemek b) yemeği

4 Yerleştirelim

kasaba • sevgi • sokaklar • dükkanlar • hoşgörü
insanlar • ben • onlar • dertler • dostluk

Bu *kasabayı* seviyorum, her gün aynı ________, aynı ________, aynı ________ görmek belki sıkıcı, ama bana güven veriyor. Çünkü buranın insanları gerçekten çok sevecen ve yardımsever.

Ben bir doktorum. Kasabanın insanları ________ çok seviyor, tabii ben de ________ çok seviyorum. Akşamları birlikte sohbet ediyoruz. Ben onların ________ dinliyorum, hayallerine ortak oluyorum. Onlar da benimle sofralarını paylaşıyorlar, bana kapılarını açıyorlar. ________, ________ ve ________ en güzel haliyle yaşıyorum burada...

5 Dikte edelim, eşleştirelim

Özgür ve Ceren

Kayıt sırası 62

☐ Özgür, iki saattir bilgisayarın başında oyun oynuyorsun. Biraz ____________, ben de bilgisayarda ____________. Yarına ödev ____________. Zaten ____________ hep sen kullanıyorsun. Unutma, babam ____________ ikimiz için aldı.

☐ Ceren odan çok dağınık. Her sabah sen okula gittikten sonra bir saat ____________ topluyorum. Biraz daha düzenli ol lütfen. ____________ nasıl bu kadar dağıtabiliyorsun, anlamıyorum. Bundan sonra ____________ akşamdan hazırla. ____________ bitirdikten sonra ____________ hemen çantana koy. Kirli ____________ yerlere atma. Çoraplarının yatağının altında ne işi var? Off, Ceren her zaman aynı ____________ hatırlatmaktan bıktım!

1

2

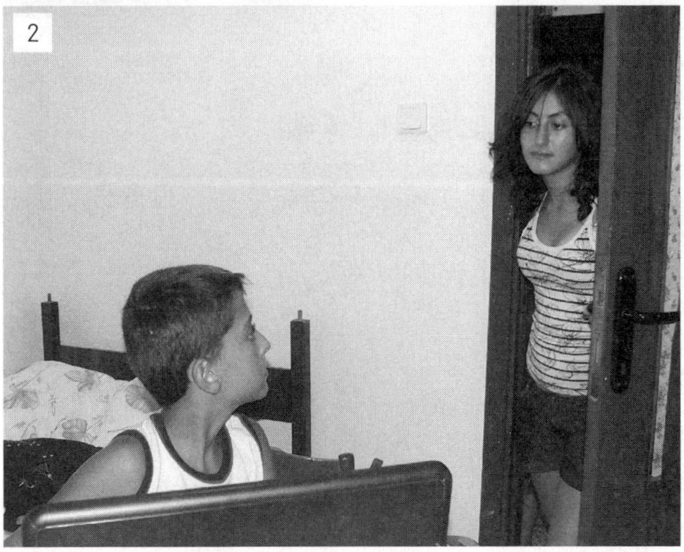

6 Tamamlayalım

1. – Ne arıyorsun?
   – Televizyon*nun* kumanda*sını* arıyorum.
2. – Ne yapıyorsun?
   – Öğrenciler_____ ödevler_____ kontrol ediyorum.
3. – Ayşe'yi gördün mü?
   – Hayır, o_____ dün evden aradım ama yoktu.
4. – Sen kimin şiirlerini seviyorsun?
   – Ben Orhan Veli_____ şiirler_____ çok seviyorum.
5. –Dün neler yaptın?
   – Dün alış veriş yaptım, bu_____ ve şunlar_____ aldım.
6. – Çok yorgun görünüyorsun.
   – Evet, dün bütün gün ev_____ camları_____ sildim.

7 Okuyalım, biz de anlatalım

Akdeniz'in Cenneti

Antalya Türkiye'nin güneyinde bulunuyor. Burası Türkiye'nin en ünlü turistik şehirlerinden biri. Ben bazen yaz tatilimi Antalya'da geçiriyorum. Antalya'yı çok seviyorum. Çünkü orada deniz çok güzel. Yazın denizde yüzüyorsunuz, tarihi yerleri geziyorsunuz. Orada bir de kayak merkezi var. Kışın ve ilkbaharda da kayak yapıyorsunuz. Antalya çok güzel ve oldukça büyük bir şehir.

Benim ülkemdeki turistik yerlerden biri de...

8 Tamamlayalım

İŞİMİN İLK VE SON GÜNÜ

Bugün hayatımın en önemli günlerinden biriydi, çünkü ilk işimin ilk günüydü. Dün gece çok heyecanlıydım. Akşam saatimi yediye kurdum, yattım ama sabah alarmı duymadım ve saat sekizde uyandım.

Hemen evden çıktım ama ______________________________

____

____

İlk günümde işe geç kaldım. Aceleyle ofise giriyordum ki ____________

____

____

____

____

Bana kızgın kızgın bakıyordu.

Müdürden özür diledim ve ofise girdim. İş arkadaşlarımla tanıştım. Bana kahve ikram ettiler ve bir süre sohbet ettik. Tam her şey iyi gidiyor diye düşünüyordum ki ______________________________

______________________________.

Çok utandım.

Öğleden sonra müdür beni odasına çağırdı. Ve "Bu raporun bir fotokopisini çek." dedi. Fotokopi odasına gittim ve makinayı açtım. Kullanmayı bilmiyordum. Birkaç düğmeye bastım. Makine çalıştı ama durmadı! Evet, sonunda bunu da yaptım!

____

____

____

______________________________!

Fotokopiyi aldıktan sonra müdürün odasına döndüm. Döndüm ama tam bir saat sonra! Çünkü ______________________________

Bu aksilikler akşama kadar devam etti. Ayakkabımın topuğu kırıldı, toplantıda cep telefonum çaldı... Herkese rezil oldum.

Yarın işe gitmek istemiyoruuuum!

9 Tamamlayalım

1. *Gözlüğünü* bana vermedin.
2. Buraya gel ve hemen ____________ topla!
3. ____________ buzluğa koy, erimesin.
4. Ben ____________ iki şekerli içiyorum.
5. ____________ vazoya koy, solmasın.
6. ____________ otobüste unuttum.
7. ____________ tam zamanında iç, sakın unutma.
8. ____________ bu gözlükle daha iyi okuyorum.
9. Bu ____________ ben pişirdim.
10. Çok geç kaldım. Ama ____________ bulamıyorum.
11. Öğretmen ____________ kontrol etti mi?
12. ____________ çok seviyorum.
13. Aşağıda ____________ bekliyorum, gel!
14. Dün istasyonda ____________ bekledim. İzmir'den geldi.
15. Şu kırmızı kazaklı ____________ tanıyor musun?
16. Bu fıkra ____________ çok güldürüyor.
17. Annem sabahları ____________ uyandırıyor.
18. Dün gece rüyamda ____________ gördüm.
19. ____________ ve ____________ çok seviyorum.
20. Dün gece ____________ televizyonda seyrettim.
21. Çok hastayım. Lütfen ____________ arar mısın?
22. Bugüne kadar ____________ hiç görmedim.

10 Eşleştirelim

Cep telefonunuzu kapatın. → Sinema	Park
Yüksek sesle konuşmayın.	Hayvanat bahçesi
Fotoğraf çekmeyin.	Lokanta
Hayvanlara yem vermeyin.	Kapı
Tablolara dokunmayın.	Kola kutusu
Şoförle konuşmak yasaktır.	Mağaza
Çimlere basmayın, çiçekleri koparmayın.	Müze
İtiniz - Çekiniz.	Uçak
Dondurma ve yiyecekle girmeyin.	Sinema
Lütfen kemerlerinizi bağlayın.	Kütüphane
Kullanmadan önce prospektüsü okuyun.	Otobüs
Soğuk içiniz.	Sergi
Yüzmek tehlikeli ve yasaktır.	İlaç kutusu
Yerlere çöp atmayınız.	Göl kıyısı
Rezerve	Okul

11 Yerleştirelim

kitaplar • kardeş • baba • reçel • sevgili • gözlük
kardeş • vakit • isim • tatil • anne • mutfak
film • reçel

1. Lütfen *kitaplarınızı* açın.
2. Yabancılar Türk ____________ çok beğeniyorlar.
3. Dün sokakta Buket'in ____________ gördüm.
4. Annem, ____________ çok seviyor.
5. Televizyonda Marlon Brando'nun ____________ izledim.
6. Bayram ____________ Bodrum'da geçirmek istiyorum.
7. Güneş ____________ yeni mi aldın?
8. Ahmet'in erkek ____________ tanıyorum ama kız ____________ tanımıyorum.
9. Sizin ____________ almak istemiyorum ama çok önemli.
10. Vişne ____________ mi, çilek ____________ mi daha çok seviyorsun?
11. ____________ dört gözle bekliyorum.
12. Sizin ____________ bilmiyorum.

12 Okuyalım

Ankara Üniversitesi
Fen Fakültesi Dekanlığına,

Fakültenizin Biyoloji Bölümü'nde öğrenim görmekteyim.

Emniyet Müdürlüğü'ne teslim etmek üzere öğrenci belgemin hazırlanıp tarafıma verilmesini saygılarımla arz ederim.

Tarih
İmza
Ad Soyad

Adres:
Telefon:

6.3 Yardım İstiyorum

13 Tamamlayalım

1. Hangi mont senin?
   Sandalye *deki* ______ benim.
2. Kitabın hangi çantada?
   Onun arabası ______ çantada.
3. Hangi öğrenci İspanyol?
   Benim sınıf ______ öğrenci.
4. Hangi ceketi aldın?
   İpekyol mağazası ______ ceketi aldım.
5. Hangi restoranları seviyorsun?
   İstanbul Beyoğlu ______ restoranları.
6. Hangi elbiseyi beğendin?
   Vitrin ______ elbiseyi.

14 Tamamlayalım

1. Arkadaşlarınız siz *i* ______ bekliyorlar.
2. Dün eşimle akşam yemek ______ dışarıda yedik.
3. Arkadaşımın telefon numara ______ unuttum.
4. Film ______ son ______ hiç beğenmedim.
5. Ayşe ______ anne ______ gördün mü?
6. Annem ben ______ de sen ______ de çok seviyor.
   Niçin o ______ üzüyorsun?
7. Avrupa'da birçok yer ______ gezdim, ama
   Paris ______ hala görmedim.
8. Şu ayakkabı ______ denemek istiyorum.
9. Dünkü gazetede sen ______ yazı ______ okudum.
10. Hangi renk ______ daha çok seviyorsun?
11. Anadolu Medeniyetleri Müzesi ______ ziyaret ettiniz mi?
12. Temizlikçi kadın geçen hafta ev ______ temizledi, ama biz her yer ______ yine kirlettik.
13. Kitaplarınızın 18. sayfası ______ açın.
14. En çok hangi meyve ______ seviyorsun?

15 Tamamlayalım

1. Kalem kutusundaki kalem yazmıyor. Masa *dakini* ______ al.
2. Bizim sokaktaki fırın kapalıydı. Ekmeği cadde ______ aldım.
3. Armada'daki filmler güzel değil. Migros ______ bakalım.
4. Marketteki meyveler pahalı. Manav ______ daha ucuz ve taze oluyor.
5. Ben salondaki çiçeklere su verdim. Sen balkon ______ ver.
6. Ofisteki bilgisayarım bozuldu. Bütün işlerimi ev ______ yapıyorum.

16 Yanıtlayalım

Hangi kedi uyuyor?

______.

Hangi saat ikiyi gösteriyor?

______.

Hangi çiçekler solmuş?

______.

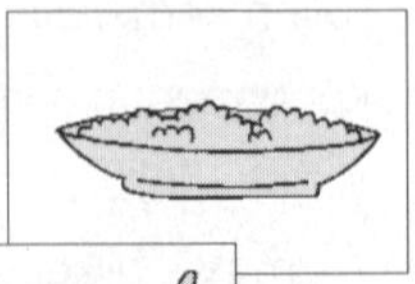

Hangi yemek sıcak?

______.

17 Yerleştirelim

kahvaltıda • derse • pastayı • sınıfımda • söyleyeceğiz • hediye • otobüse • çay • pastayla • içiyorum
doğum günü • mumları • Türkçeyi • otobüsü • pasta • pastadan • doğum gününü • bize • kahve

Her sabah erkenden kalkıyorum. *Kahvaltıda* peynir, zeytin, domates, reçel ve ekmek yiyorum. Bazen süt bazen de çay ________________ . Kahvaltıdan sonra banyoda duş yapıyorum. Saat 08.45'te evden çıkıyorum. Otobüs durağına gidiyorum ve 413 numaralı ________________ bekliyorum. Otobüs geliyor, ________________ biniyor ve kursa gidiyorum.

________________ on iki öğrenci var. Dersten önce onlarla kafeteryada oturuyorum. Arkadaşlarla birlikte ________________ içiyoruz. Sonra sınıfa gidiyoruz. Bir süre sonra öğretmen geliyor ve hep birlikte ________________ başlıyoruz. ________________ yavaş yavaş öğreniyoruz. Çünkü Türkçe bizim için biraz zor. Ama öğretmenimiz ________________ çok yardım ediyor.

Bugün günlerden cuma, sınıf arkadaşım John'un ________________ . Bunun için hep birlikte ona bir ________________ aldık. Öğretmenimiz de elleriyle nefis bir meyveli ________________ yaptı. Meyveli pastayı, çikolatalı ________________ daha çok seviyorum. Öğretmenimiz de bu ________________ çok seviyor, ama yapmak çok zormuş. Son derste John'un ________________ kutlayacağız. Pastanın üstüne mumları koyacağız ve yakacağız. Sonra ben ________________ sınıfa gireceğim. John ________________ üfleyecek ve hep birlikte şarkı ________________: "Mutlu yıllar sana... Mutlu yıllar sana..." diyeceğiz. John çok sevinecek.

18 Eşleştirelim

Duvardaki	14	1. sandviçlerden birer tane alın.
Televizyondaki	☐	2. bilgisayarım bozuk.
Balkondaki	☐	3. yaşlı adam kim?
Kafesteki	☐	4. hayatınız zor mu?
Evdeki	☐	5. filmi daha önce gördüm.
Bendeki	☐	6. piramitler dünyaca ünlü.
Sokaktaki	☐	7. çantayı getir.
Partideki	☐	8. haber çok ilginçti.
Kapıdaki	☐	9. çiçekler ölüyor.
İlkokuldaki	☐	10. kim acaba?
Yerdeki	☐	11. kuşlara çok acıyoruz.
Masadaki	☐	12. bu lekeler de ne?
Türkiye'deki	☐	13. kızarıklık bu yüzden.
Şu sınıftaki	☐	**14. tablo Van Gogh'un.**
Fotoğraftaki	☐	15. arkadaşlarımın fotoğraflarına bakıyorum.
Benim odamdaki	☐	16. güzel günlerimi arıyorum.
Üniversitedeki	☐	17. bütün çocukları seviyorum.
Tahtadaki	☐	18. oyuncular çok iyi.
Mısır'daki	☐	19. kalemi sen al.
Senin elbisendeki	☐	20. kızın adı neydi?
Dün gece hiç uyumadım, gözümdeki	☐	21. tüm insanlar gösteriyi izliyor.
Bu dizideki	☐	22. halı İran'dan geldi.
Dünyadaki	☐	23. öğrencilerin hepsi Kenyalı.
Gazetedeki	☐	24. tümceleri defterinize yazın.

7 Gelecek de Bir Gün Gelecek

1. Planınız Ne?

1 Eşleştirelim

Sanırım az sonra yağmur	telefon etti.
Aileme her gün	alacağım.
Ben gelecek ay dans kursuna	çıkalım.
Onlar geçen yıl araba	başlayacak.
Bundan sonra onunla hiç	konuşuyorsunuz?
Dün eski bir arkadaşım bana	başlayacağım.
Haydi beraber yemeğe	çıktı.
Önümüzdeki pazar bize	telefon ediyorum.
Çok açım. Sabah kahvaltı	aldılar.
Bugün kendime yine bir çanta	gelecek misin?
Siz kiminle	konuşmayacağım.
Müdür az önce yemeğe	yapmadım.

2 Yerleştirelim

çık- • iç- • gör- • çalış- • geç-
git- • ye- • ara- • kaybet- • kaçır-

1. A : Sema'yla görüşmek istiyorum. Mümkün mü?
   B : Üzgünüm, az önce *çıktı* .
2. A: Beraber yürüyüşe çıkalım mı?
   B: Hayır, çok yorgunuz ve öğle yemeği bile ______ .
3. A: Yarın yemeğe gidelim mi?
   B: Maalesef, çünkü yarın akşam geç saate kadar ______ .
4. A: Berrin nerede?
   B: Bankaya ______ .
5. A: Eve şimdi mi geliyorsun? Çok geç kaldın.
   B: Üzgünüm, ama otobüsü ______ .
6. A: Sen de kahve ______?
   B: Hayır.
7. A: Yüzüğümü ______ .
   B: Aaa, çok üzüldüm. Pahalı bir yüzük müydü?
8. A: Dün niçin beni ______?
   B: Çok özür dilerim ama unuttum.
9. A: Şimdi daha iyi misin?
   B: Evet, sağol. Başımın ağrısı ______ .
10. A: Bu filmi ______?
    B: Hayır, ama en kısa zamanda görmek istiyorum.

3 Yazalım

Hangi Gün Ne Yapacaksınız?

Pazartesi ______

Salı ______

Çarşamba ______

Perşembe ______

Cuma ______

Cumartesi ______

Pazar ______

4 Tamamlayalım, yanıtlayalım

1. *(Sen)* Tatilde Bursa'ya git/ *decek misin* ?
   Maalesef hayır, çünkü *zamanım yok* .
2. *(Siz)* İstanbul'da kaç gün kal______?
   Sadece iki gün, çünkü ______ .
3. *(Sen)* Bir dilim daha kek ye______?
   Evet, çünkü ______ .
4. *(Sen)* Bizimle gel______?
   Hayır, çünkü ______ .
5. *(Onlar)* Tatilde otelde mi kal______?
   Hayır, çünkü ______ .
6. *(Siz)* Ankara'dan taşın______?
   Evet, ama ______ .
7. *(Biz)* Kapalı Çarşı'da alışveriş yap______?
   Maalesef, ______ .
8. *(Siz)* Yazın tatile çık______?
   Hayır, çünkü ______ .
9. *(Siz)* Yarın bizimle gel______?
   Hayır, çünkü ______ .
10. (Biz) Yarın derste film seyret______?
    Üzgünüm ama ______ .

5 Tamamlayalım, işaretleyelim

Tatil Programı

Oğuz : Mete, hafta sonu için özel bir planınız var mı?

Mete : Evet. Selin kampa gitmek istiyordu. Yarın sabah erkenden yola çık*acağız*.

Oğuz : Kamp mı? Nerede kamp yap________?

Mete : Bolu'da, Aladağ'da.

Oğuz : Çadırda mı kal__________?

Mete : Hayır, orada küçük bungalovlar var. Çadırdan daha rahat. Biz de bir bungalov kirala________. Siz de gelsenize bizimle.

Oğuz : Bilmem... Biliyorsun, Ayşen pek hoşlanmıyor bu tür kamplardan.

Mete : Ama çok eğlen__________. Ormanda mantar topla________, gölde balık tut________, köyleri gez________.

Oğuz : Aslında ben de çok sıkıldım. İşte stres, trafikte stres...

Mete : Tamam işte! Konuş bu akşam Ayşen'le. Siz de gelin.

Oğuz : Peki o zaman ben yarın sana haber veririm.

	Doğru	Yanlış
1. Mete uzun zamandır kamp yapmak istiyordu.	☐	☐
2. Mete, Selin'le Bolu'ya gidecek.	☐	☐
3. Mete'yle Selin çadır kampı yapacaklar.	☐	☐
4. Oğuz kamptan hoşlanmıyor.	☐	☐
5. Mete'yle Selin kampta balık tutacaklar.	☐	☐
6. Mete, Oğuz'u kampa davet etti.	☐	☐

6 Sürdürelim, dolduralım

Ali ve Ece birbirini uzun zamandır görmüyor. Bugün Ece görüşmek için Ali'yi arıyor. Ali ve Ece'nin yarınki programları aşağıda. Bu programlardan yararlanarak diyalogu devam ettirin..

Ece : Alo, Ali?

Ali : Aaa! Ece, merhaba.

Ece : Merhaba, Ali. Nasılsın?

Ali : İyiyim, sen?

Ece : İyiyim, ama sana biraz kırgınım. Neden hiç aramıyorsun? Çok mu çalışıyorsun?

Ali : Evet, canım. Bugünlerde işler çok yoğun. Bu yüzden çok çalışıyoruz.

Ece : Yarın da yoğun çalışacak mısın?

Ali : Yarın biraz vaktim olacak, görüşelim mi?

Ece : ...

Ali'nin Programı

8.00	:	________
9.00	:	________
10.00	:	*doktor*
11.00	:	________
12.00	:	________
12.30	:	*iş yemeği*
13.30	:	*işe giriş*
14.00	:	________
15.00	:	________
16.00	:	________
17.30	:	*işten çıkış*
18.30	:	________
19.30	:	*maç*

ECE'NİN Programı

8.00	:	*işe giriş*
9.00	:	________
10.00	:	________
11.00	:	________
12.00	:	*işten çıkış*
13.00	:	________
14.00	:	________
15.00	:	________
16.30	:	*kuaförden çıkış*
17.30	:	________
18.30	:	________
19.30	:	________

7 Yanıtlayalım, işaretleyelim

SOYGUN PLANI

Kadın : Tamam mı? Başlıyor muyuz?
Erkek : Herşey hazır mı?
Kadın : Hazır. Ben herşeyi planladım. Fabrikada yalnız bir bekçi çalışıyor. Bekçi gece yarısından sonra fabrikayı dolaşacak. Sonra kulübesine dönecek ve uyuyacak.
Erkek : Uyuyacak mı? Bunu nereden biliyorsun?
Kadın : Ben biliyorum işte. Bana güven. O bekçi gündüz de başka bir işte çalışıyor. Çok yorgun oluyor. Mutlaka uyuyacak. Saat üçte fabrikanın arkasında olacağız. Duvar çok yüksek değil. Duvardan bahçeye atlayacağız ve bekçi kulübesinin arkasından sessizce geçeceğiz. Sonra fabrikaya gireceğiz. Çok kolay olacak.
Erkek : Nasıl?
Kadın : Dinle. Maymuncukla müdürün odasının kapısını açacağız ve içeri gireceğiz. Kasayı açmak çocuk oyuncağı. On dakikada kasadaki paraları alacağız ve kaçacağız. Hepsi bu kadar. Sorun var mı?
Erkek : Peki, fabrikada bekçi köpeği ve alarm yok mu?
Kadın : Var, ama onların da çaresini buldum. Sen merak etme.
Erkek : Tamam o zaman gidelim.

1. Kadına göre bekçi neden uyuyacak?
____
______________________________.
2. Onlar fabrikaya nasıl girecekler?
____
______________________________.
3. Müdürün odasında neler yapacaklar?
____
______________________________.

	Doğru	Yanlış
1. Soygun planını kadın yapıyor.	☐	☐
2. Fabrikada bekçiler var.	☐	☐
3. Bekçi bütün gece hiç uyumuyor.	☐	☐
4. Müdürün odasının kapısını anahtarla açacaklar.	☐	☐

8 Yerleştirelim

hasta olmak • kalabalık olmak • hazır olmak
mezun olmak • tatil olmak • doktor olmak
başarılı olmak

1. Suyu çok soğuk içme, *hasta olacaksın*.
2. Bu üniversitede son sınavım, bu sınavdan sonra ______________.
3. Bayramda bütün okullar ______________.
4. Sana inanıyoruz, işinde çok ______________.
5. Yarınki parti çok ______________.
6. Üç yıl sonra Tıp Fakültesini bitireceğim ve ______________.
7. Tüm öğrenciler mezuniyet töreni için yarın sabah saat dokuz da burada ______________.

9 Tamamlayalım

1. Gelecek hafta sınava gir*eceğim*.
2. Bence yarışmada senin resmin birinci ol__________.
3. Onlar iki ay sonra evlen__________.
4. Mağazamız bayramda açık ol__________.
5. Taksideyim. On dakika içinde orada ol__________.
6. Uçak birazdan kalk__________.
7. Yorgunum. Alışverişe çık__________.
8. Hızlı yürüyelim. Ders başla__________.
9. Kararlıyım. Bundan sonra hiç sigara iç__________.
10. Broşürlere baktık. Tatilde Side'deki bir otelde kal__________.

10 Tamamlayalım, yanıtlayalım

İKİ KARDEŞ

Aslı : Yine mi benim odamdasın? Her zaman odamın altını üstüne getiriyorsun.

Levent : Ne yapayım, bir kitap lazımdı. Ben de odana girdim ve kitabını aldım. Herhalde senin kadar kıskanç bir abla daha yoktur bu dünyada.

Aslı : Ben de senin gibi dağınık bir çocuk görmedim. Hep böyle yapıyorsun. Sen odama girdikten sonra hiçbir eşyamı yerinde bulamıyorum. Bir daha kesinlikle eşyalarıma dokun*mayacaksın*. Hırkamı giy__________, kitaplarımı karıştır__________!

Levent : Öyle mi? Tamam! O zaman sen de benim odama sigarayla gir__________. Çabuk söndür elindeki şu sigarayı! Odamı leş gibi kokuttun! Ayrıca bilgisayarımı da kullan__________!

Aslı : Peki beyefendi. Gör__________ sen, bundan sonra saç jölemi de kullan__________! Tamam mı?

Levent : Tamam! Jölen senin olsun.

1. Aslı, Levent'e niçin kızıyor?

____________________.

2. Levent ne almak için Aslı'nın odasına girdi?

____________________.

3. Aslı, Levent'in odasında neler yapmayacak?

____________________.

11 Sıralayalım, işaretleyelim

Ankara Gezisi

Kayıt sırası 63

Ankara Kalesi

Atatürk Orman Çiftliği

Etnografya Müzesi

Gölbaşı

Anıtkabir

	Doğru	Yanlış
1. Ankara gezisi gelecek pazar olacak.	☐	☐
2. Gezinin ilk durağı Etnografya Müzesi.	☐	☐
3. Gezinin sonunda piknik yapacaklar.	☐	☐
4. Geziye sadece TÖMER öğrencileri katılacak.	☐	☐

12 Tamamlayalım

1. Dün akşam canım çok sıkılıyordu. Seni aradım, sana gel*ecektim*___ ama evde yoktun.
2. Sabah tam evden çık________ ki annem "Anahtarını unuttun!" diye bağırdı.
3. Hani bir daha yaramazlık yap________?
4. Aslında seni bir daha ara________ ama çok özledim.
5. Güya siz geçen hafta sonu benim yanıma, İstanbul'a gel________. Niçin gelmediniz?
6. Hani sigarayı bırak________? Hala içiyorsun!
7. Bu saatte evde ne işin var? Sabah altıda yola çık________?
8. Geçen hafta arkadaşlarla birlikte Okan'a sürpriz bir doğum günü partisi yap________ ama o şehir dışına çıktı.
9. Bu akşam oğluma annem bak________, ben de tiyatroya git________ ama anneme misafir geldi.

13 Tamamlayalım

1. Dün seni arayacaktım ama *telefonumun şarjı bitti*.
2. Ödevimi yapacaktım ama ________.
3. Akşam için güzel bir yemek pişirecektim ama ________.
4. Doğum günün için sana pahalı bir yüzük alacaktım ama ________.
5. Partiye seni de davet edecektim ama ________.
6. Bugün anneannemi ziyaret edecektim ama ________.

14 Tamamlayalım

1. *Tatile çıkacaktık* ama hiçbir otelde yer bulamadık.
2. ________ ama doktorum izin vermedi.
3. ________ ama hasta oldum.
4. ________ ama yağmur başladı.
5. ________ ama çok pahalıydı.
6. ________ ama bilet yoktu.
7. ________ ama unuttum.
8. ________ ama markette yoktu.

15 Tamamlayalım, işaretleyelim

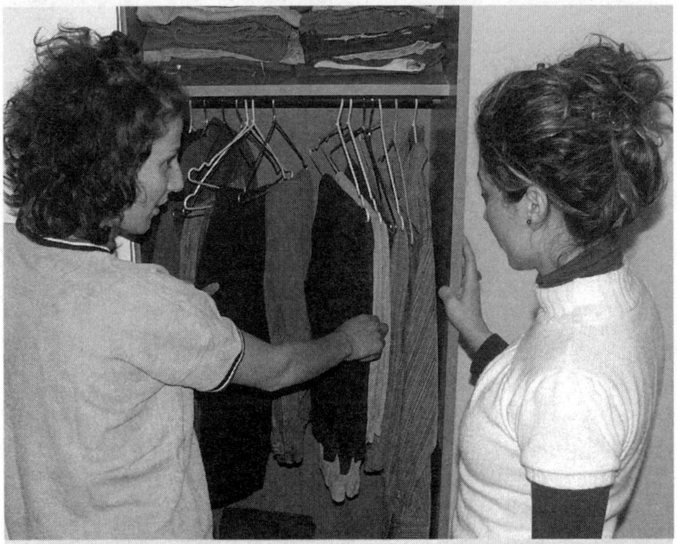

SABAH TELAŞI

Ebru : Beyaz bluzumu gördün mü?
Sinem : Onu ben giydim. Sen mi giy________?
Ebru : Evet, neyse... Kırmızı gömleğimi giyeyim o zaman.
Sinem : Onu dün giydim. Kirli sepetine attım.
Ebru : Sen dün mavi kazağı giy________ ________? Niye vazgeçtin?
Sinem : O çok dar geldi.
Ebru : Beyaz gömleğimi giyeyim ben de. Saat sekiz olmuş.
Sinem : Sen bugün işe geç git________ ________? Yanlış mı hatırlıyorum?
Ebru : Evet, geç git________ ama bu sabah aradılar, toplantı varmış.
Sinem : Kahvaltı yapacak mısın? Bir şeyler hazırlayayım mı?
Ebru : Hayır, sadece dün akşamki kekten yiyeceğim.
Sinem : Onu ben yedim. Sen yemezsin diye düşündüm. Ye________ ________?
Ebru : ??

	Ebru	Sinem
Beyaz gömlek giyiyor.		
Önceki gün kırmızı gömlek giydi.		
Akşamki keki yedi.		
Sabah toplantısı var.		

16 Yanlışı çizelim

1. Bu filmi bende *izleyeceğim / izleyecektim.* Ama hiç zamanım olmadı.
2. Yarın Esra'nın doğum gününü *kutlayacağız / kutlayacaktık.* Saat 20.00'da bizim evde ol.
3. Tam zamanında geldik. Yoksa uçağı *kaçıracağız / kaçıracaktık.*
4. Haftaya kursa başlıyorum. Türkçe *öğreneceğim / öğrenecektim.*
5. Bu akşam dışarda yemek *yiyeceğiz / yiyecektik.* Çünkü evde yemek yapmadım.
6. Geçen hafta sonu arkadaşımla basketbol *oynayacağız / oynayacaktık* ama spor salonuna gelmedi.
7. Sözünü unuttun mu? Hani hafta sonu sinemaya *gideceğiz / gidecektik.*
8. Ben onu *aramayacağım / aramayacaktım.* O beni aradı.
9. Çok hastayım yarın okula *gelmeyeceğim / gelmeyecektim.*
10. Bankamatikten para *çekeceğim / çekecektim.* Kartımı bulamadım.
11. Haberleri *izleyeceğim / izleyecektim* televizyonu kapatma.
12. Biraz sonra *geleceğim / gelecektim.* Lütfen bekle.
13. Bir saat önce burada *oldun / olacaktın.* Geç kaldın.
14. Dün arkadaşlarımla alışverişe *çıktım / çıkacaktım.*
15. Dün arkadaşlarımla alışverişe *çıktım / çıkacaktım,* ama zamanım olmadı.
16. Bu kitabı ben de *okudum / okuyacaktım.*
17. Sen hiç ata *bindin mi / binecek miydin?*
18. Bu metinden hiçbir şey *anlamadım / anlamayacaktım.*
19. Kardeşim üniversiteyi geçen yıl *mezun oldu / mezun olacaktı.*
20. Aslında otobüse *bindim / binecektim,* ama işe geç kalıyordum. Taksiye bindim.

17 Yerleştirelim

delice • kolayca • gizlice • dikkatlice
kabaca • kibarca • sınıfça

1. Evliliğimizin 20. yılını kutluyoruz, ve karıma hala ___*delice*___ aşığım.
2. Hırsızlar evlere __________ girip soyuyorlar.
3. Trafik polisi beni __________ uyardı.
4. Sınav başvuru formunu __________ doldurup göndersin.
5. Sınavdaki tüm soruları __________ çözdüm.
6. Ayşegül yolu bana __________ tarif etti.
7. Ankara gezisine __________ katılacağız.

18 Eşleştirelim

güzelce →	bir kitap
uzunca	bir fikir
akıllıca	**bir kız**
kalınca	bir salon
büyükçe	bir yol
aptalca	bir buket
genişçe	bir hediye
pahalıca	bir soru

19 Yerleştirelim

onlarca • dakikalarca • günlerce
milyonlarca • yüzlerce • saatlerce

1. Türkiye'de her yıl ___*onlarca*___ trafik kazası olur.
2. Bu ülkede __________ insan yaşıyor.
3. Esin Hanım aynanın karşısında __________ süslenir.
4. Türkler __________ yıldır Anadolu'da yaşıyor.
5. Selma ameliyattan sonra __________ komada kaldı.
6. Konserde seyirciler __________ şarkıcıyı alkışladılar.

20 Yerleştirelim

iyice • dikkatlice • gizlice • kardeşçe • ailece • sıkıca

1. Yemekten önce ellerini ___*iyice*___ yıka.
2. Sınavda soruları __________ okuyun.
3. Öğrenciler okulun bahçesinden __________ kaçmışlar.
4. Bayram sabahlarında __________ kahvaltı ediyoruz.
5. İki kardeş birbirlerine __________ sarılıp vedalaştılar.
6. Bu dünyada hepimiz __________ yaşayalım.

8 Rivayet Odur Ki...

1. Bir Zamanlar

1 Tamamlayalım

1. Gazetedeki habere göre iki gün önce Japonya'da deprem ol*muş*____.
2. Aaa, hiç farkında değilim. Gömleğimin düğmesi kop______.
3. Hayret, bugün kravat tak_____. Toplantın mı var?
4. Çocuklar uyu______ ______? Bir bakayım.
5. Ebru o filmi seyret_____, hiç güzel değil_____.
6. Borcunu hala öde______.
7. Gazeteyi okudun mu? Dünkü maç kaç kaç bit_____?
8. İyi ki seninle tanış______.
9. Aa! Saçlarını boyat_____! Çok yakış_____.
10. Markette çilekli yoğurt kal______, kayısılı aldım.
11. Aaa! Sınavı geç______. Yaşasın!
12. Bu gömleği yeni aldım. Sence pantolonuma uy______?
13. Duydun mu? Sigaraya zam gel______.
14. Görkem'le konuştun mu? Londra'ya var ______?
15. Eskiden buralar tarla______.
16. Pastayı ben yaptım. Güzel ol______?
17. Of! Kredi kartımı evde unut______.
18. Evde hiç birşey kal______. Alışverişe çıkalım.
19. Az önce teyzem aradı. Uçak rötar yap______. Ancak 2 saat sonra burada olacaklar.
20. Rüyamda çok ünlü bir şarkıcı______.

2 Tamamlayalım, yanıtlayalım

Sezin : Biliyor musun, Mine tatile çık______.

Erol : Öyle mi? Hiç haberim yoktu. Nereye git______?

Sezin : Çıralı'ya. Oraya bayılır Mine.

Erol : Ben hiç gitmedim. Gerçekten güzel ______?

Sezin : Ben de daha önce hiç Çıralı'ya gitmedim ama Mine'den çok dinledim. Mine'nin söylediğine göre, Çıralı'nın pek çok tarihi ve doğal güzelliği var______. M.Ö. II. yüzyılda kurul______. Pek çok uygarlığa ev sahipliği yap______. Havası ve denizi harika______. Kumsalları da çok güzel______.

Erol : Peki güzel oteller var ______?

Sezin : Oranın doğal atmosferini bozmamak için çok fazla otel yap______. Daha çok ağaçtan evler var______.

Erol : Evler ağaçtan ______?

Sezin : Evet, çok farklı değil mi? Mine'ye göre bu evlerde kalmak lüks otellerde kalmaktan daha keyifli______. Evler ormanlık bir alanda______. Gürültüden uzakta, doğal bir ortamda düşünsene, sence de harika değil mi?

1. Mine tatil için nereye gitmiş?
____________________.
2. Tatil yerinde hava ve deniz nasılmış?
____________________.
3. Erol Çıralı hakkında ne düşünüyor?
____________________.
4. Çıralı'nın önemli özellikleri nelermiş?
____________________.

	Doğru	Yanlış
1. Sezin'e göre Mine Çıralı'yı çok beğeniyor.	☐	☐
2. Mine Çıralı'da bir otele yerleşmiş.	☐	☐
3. Çıralı çok eski bir yerleşim merkeziymiş.	☐	☐

3 Tamamlayalım, sürdürelim

Anadolu'nun
Romeo ve
Juliette'i
Hero ve
Leandros

Eski zamanlarda Çanakkale Boğazı'nın iki yakasında karşı karşıya iki şehir var*mış*______. Avrupa yakasındaki şehrin adı Sestes, Anadolu yakasındakinin adı Abydos______.

Sestes şehrinde Hero adında çok güzel bir kız yaşıyormuş. O bir rahibe______ ve sarayından dışarıya hiç çıkmıyormuş. Çünkü o henüz doğmadan önce bazı kahinler annesine "Kızınız doğduktan sonra onu asla dışarıya çıkarmayın, çünkü dışarıda onun başına birçok kötülük gelecek ve kızınız ölecek." de______. Bu yüzden Hero doğduktan sonra hiç dışarıya çık______, sürekli sarayda yaşa______.

Bir ilkbahar günü bütün insanlar sokaklarda şenlikler yapıyor ve herkes şehirdeki büyük tapınakları ziyarete gidiyormuş. Hero ilk kez bu kutlamalara katılmak iste______. Bunun için uzun süre planlar yap______. Kutlama günü, yanına dadısını da al______ ve gizlice saraydan çık______.

4 Okuyalım, tamamlayalım

Matematik Sınavı

Dört üniversite öğrencisi bir sabah çok geç kalk*mışlar*______. O gün matematik sınavı var______ ama sınavı kaçır______. Sınavdan sonra öğretmenlerinin yanına git______ ve "Otobüsün lastiği patla______. Bunun için geç kal______ hocam. Lütfen bizi tekrar sınav yap______." de______. Öğretmen kabul et______ ve "Tamam, iki gün sonra sizi sınav yap______." de______. Sınav günü öğrencilerin her birini de sınıfın farklı köşelerine oturt______ ve sınav kâğıtlarını dağıt______. Sınavda beş soru var______ ve geçmek için en az 50 almak gerekiyormuş. Öğrenciler için sınavın ilk dört sorusu çok kolay______ ve her biri 10 puanlık bir soru______. İkinci sayfadaki beşinci soru ise altmış puan______ ve soru şöyle______: "Otobüsün hangi lastiği patla______?"

5 Yazalım

Bir Fıkra da Benden

6 Tamamlayalım

1. Kahveni iç________, beğenmedin mi?
2. Hava durumumu dinledim. Bugün İzmir'de hava çok sıcak________.
3. Eskiden bu apartmanların yerinde ağaçlar var________.
4. Ben yürümeyi çok geç öğren________.
5. Müdür bugün toplantıya katılmadı çünkü şehir dışında________.
6. Gömleğinin düğmesi açık kal________.
7. Kardeşim yoldan aradı. Şu anda mola yerindeler________.
8. Anne, eski fotoğraflarını gördüm. Gençken ne kadar güzel________.
9. Sınav sonuçlarına baktım. Hepimiz geç________.
10. Ahmet ameliyattan çık________, durumu gayet iyi________.
11. Haydi alışverişe gidelim. Bütün mağazalarda indirim başla________.
12. Ben küçükken çok şişman________.
13. Temizlikçi evi iyi temizle________. Her yer toz içinde.
14. Özge'nin eşinin adı Levent değil________, Bülent'________.
15. Yemeğini bitir________. Güzel ol________ ________?
16. Sekreteriyle görüştüm. Fuat Bey biraz rahatsız________, işe gel________.
17. Bu fotoğraftaki sen misin? O zamanlar ne kadar farklı________. Saçların daha uzun________, biraz da kilolu________.
18. Selen söyledi, akşamki partiye hiçbirimiz davetli değil________.
19. Saçlarımı kestirdim. Yakış________ ________?
20. Bu gömlek pantolonumun üzerine ol________ ________?
21. Annene sor. Akşama bir şey lazım________ ________?
22. Dün Selçuk'la konuştum. Okulundan çok memnun________.
23. Telefona cevap vermiyor. Herhalde daha eve gel________.
24. Kek hiç kabar________. Kabartma tozu koymadın mı?

7 Tamamlayalım

1. Ali'nin küçük kardeşi her sabah süt iç________.
2. Televizyondan dinlediğime göre, Cumartesi ve Pazar günleri hava sıcak ol________.
3. Annemin söylediğine göre ben uyurken konuş________.
4. Annem bugün pasta ve börek hazırla________, çünkü akşam bize misafir gel________.
5. Ayşe ve ailesi geçen yaz, tatil için Antalya'ya gitmişler. Ayşe az kalsın denizde boğul________.
6. Ahmet'i telefonla aradığım zaman ders çalış________.
7. Öğretmenin söylediğine göre bütün öğrenciler yarın saat sekizde okula gel________.
8. Gazeteden okuduğuma göre Türkiye'ye gelen turist sayısı her yıl art________.
9. Babam gençken çok güzel futbol oyna________.
10. Mektupta okuduğuma göre gelecek hafta annem beni ziyaret et________, fakat babam gel________.
11. Eskiden insanlar çok uzak yerlere atlarla git________.
12. Arkadaşım Abdullah'ın memleketine hiç kar yağ________.
13. Murat hastaymış, yarın babası doktora götür________.
14. Türkiye'nin doğusundaki kar yağışı hâlâ devam et________.
15. Dedemin anlattığına göre ben bebekken çok ağla________.
16. Eskiden tıp ve sağlık hizmetleri yetersizmiş, bu nedenle insanlar daha genç yaşta öl________.
17. Ahmet'in söylediğine göre babası ona bir araba hediye et________.
18. Bir araştırmaya göre televizyon seyircileri en çok "Altın Kızlar" adlı dizi filmi sev________.
19. Televizyon reklamlarından öğrendiğime göre yakında yeni bir gazete çık________.
20. Benim haberim yok, yarın ben de git________?
21. Annem ne söyledi? Ali akşam gel________?
22. Sen biliyor musun, o da TÖMER'de mi oku________?
23. Yeşim'e söyledim, kabul etti. Postaneye git________.

8 Okuyalım, özetleyelim

Gazeteci: Salih Bey, sanat hayatınıza nasıl başladınız?

Salih Saygın: Babam tiyatrocu. Bunun için sanat yaşamım aile içinde başladı. Ben de bir sanatçı olmayı hayal ediyordum. İlkokul beşinci sınıftayken Radyo Çocuk Kulubü'nde dublaj çalışmalarına başladım.

Gazeteci: Yani, daha önce seslendirme sanatçısıydınız.

Salih Saygın: Evet. Pek çok dizi ve filmde seslendirme yaptım. Brad Pitt, Tom Cruise gibi sanatçıları seslendirdim.

Gazeteci: Peki tiyatro?

Salih Saygın: İlkokuldayken seslendirme ile birlikte tiyatro da yapıyordum. Daha sonra konservatuara girdim ve orada okudum.

Gazeteci: Hangi oyunlarda rol aldınız?

Salih Saygın: Okuldan sonra Devlet Tiyatrosu'nun sınavlarını kazandım ve Eskişehir'de işe başladım. Oradaki pek çok oyunda rol aldım. Ancak sonra İstanbul'a geldim ve tiyatrodan ayrıldım.

Gazeteci: Sanırım sonra televizyon dizileri ve sinemaya geçtiniz.

Salih Saygın: Hayır, aslında önce radyo programcılığı yaptım. Ses Fm'in genel yayın yönetmeniydim. Ancak elbette oyunculuktan vazgeçmedim. Televizyon dizilerinde ve sinemada çeşitli roller aldım. En son "Ay Işığı" adlı filmde baş rol oynadım.

Gazeteci: Peki yeni projeleriniz var mı?

Salih Saygın: Evet, "Şöhret Tutkusu" adlı bir film projemiz var. Bu filmde genç ve zengin bir iş adamını canlandıracağım. Daha sonra da eski Türk filmleri ile ilgili bir çalışma yapacağım ama şimdilik bir sır.

Gazeteci: Teşekkür ederim Salih Bey. Çalışmalarınızda başarılar dilerim.

Salih Saygın: Ben teşekkür ederim.

9 Doğrusunu seçelim

1. Murat aradı, yarın Ankara'ya *gelecekmiş ~~/ gelecekti~~*.
2. Öğretmen yarın sınav *yapmayacakmış / yapmayacaktı*.
3. Dün akşam sinemaya *gidecekmişiz / gidecektik*.
4. Öğretmen söyledi, yarın yeni konuya *geçecekmişiz / geçecektik*.
5. Doktorun söylediğine göre bundan sonra sigara *içmeyecekmişim / içmeyecektim*.
6. Ben eve gidiyorum. Çünkü annem aradı misafir *gelecekmiş / gelecek*.
7. Dün Pelin' le konuştum. Haftada üç gün spora *gidecekti / gidecekmiş*, biz de gidelim mi?
8. Öğretmenin söylediğine göre önümüzdeki ay hep beraber geziye *katılacaktık / katılacakmışız*.
9. Onunla dün konuştum, saat ikide *bulaşacaktık / buluşacakmışız* hala gelemedi
10. Geçen gün yolda Barış' ı gördüm. Bu ayın sonunda İstanbul' a *taşınacaktı / taşınacakmış*.
11. Annemin söylediğine göre babam bu akşam geç *gelecekti / gelecekmiş*, yemeğe beklemeyelim.
12. Hafta sonu tatile çıkmak istiyordum ama eşim hafta sonu *çalışacaktı / çalışacakmış*.
13. Duydunuz mu? Yarın Selim Türkiye' ye *dönecekti / dönecekmiş*.
14. Dün arkadaşlarımla konuştuk, bugün sinemaya *gidecekmişiz / gidecektik* ama işim çıktı.
15. İngilizce öğrenmek için Amerika' ya *gidecektim / gidecekmişim* ama İngiltere' ye gitmeye karar verdim.
16. Hafta sonu hava çok güzel olacaktı/ olacakmış.
17. Hani bana yardım *edecektin / edecekmişsin*, unuttun mu?

10 Tamamlayalım, işaretleyelim
Hangileri Tahmin?

1. Aaa... Saat 10.00 oldu. Ders çoktan başla*mıştır*. ☑
2. Ali okula gelmedi. Belki hasta____. ☐
3. Kızılırmak, Türkiye'nin en uzun nehir____. ☐
4. O çalışkan bir öğrenci. Herhalde bütün sorulara cevap ver____. ☐
5. Değerli basın mensupları, Başbakanımız birazdan size gerekli açıklamayı yap____. ☐
6. İstanbul'da her yıl caz festivali düzenlen____. ☐
7. Aslı derse çok geç kaldı, ama endişelenmeyelim, herhalde yolda____ ☐, gel____. ☐
8. – Ezgi bana "Günaydın." demedi bugün.
   – Yok canım, o de____ ☐ de sen fark et____. ☐
9. Ankara, Türkiye'nin başkenti____. ☐
10. Toplantı sabahleyin başladı. Hala devam et____. ☐
11. Sensiz yaşamak, benim için ölüm demek____. ☐
12. Türkiye'de her beş yılda bir seçim ol____. ☐

11 Tamamlayalım

1. Bilim adamları yakın bir gelecekte mutlaka çevreyle ilgili sorunları çöz*ecektir*.
2. Eminim Ahu bu olay karşısında çok üzül____.
3. Murat geçen hafta çok hastaydı ama herhalde artık iyileş____.
4. Oya bu sabah alışverişe çıktı, eminim yine bütün parasını harca____.
5. O çalışmayı çok seviyor, yeni işinde de başarılı ol____.
6. Bu oteli ablamlara da tavsiye edelim, mutlaka beğen____.
7. Umarım Ayfer hediyesini beğen____.
8. Sen yorul____. Arabayı artık ben kullanayım.
9. Çok geç kaldık. Acele edelim, annem bizi merak et____.
10. Ahmet için endişelenme. O çok başarılı bir öğrenci, bu sınavdan da geç____.
11. Antalya'da her yıl film festivali düzenlen____.
12. Murat bu habere çok sevinecektir, hatta mutluluktan havalara uç____.

12 Anlatalım
Ne Yapıyordur?

Arkadaşım şimdi bir tekne turunda. Herhalde bugün erken uyanmıştır.

13 Yerleştirelim

geç- • yerleş- • gör- • kalk- • ye-
al- • yüz- • anlat- • ver-

Burcu iki gün önce Amerika'ya gitti. Acaba yolculuğu güzel *geçmiş midir*? Otele çoktan ____. Belki şimdi otelin o güzelim yemeklerinden ____ ya da havuzda yüz____. Buradayken bana "Hawai'yi görmek istiyorum." demişti. Mutlaka orayı da ____. Acaba benim için hediye ____? İnşallah bütün parasını parfüme ____. Neyse zaten Türkiye'ye dönünce her şeyi bana bir bir ____.

14 Dinleyelim, işaretleyelim

Eda ile Cenk Konuşuyor

Kayıt sırası 64

	Doğru	Yanlış
1. Eda Erzurumlu, Cenk İzmirli.	☐	☐
2. İzmir'de insanlar denize giriyordur.	☐	☐
3. İzmir'de havalar Mayıs'ta ısınmaya başlıyor.	☐	☐
4. Erzurum'da Nisan'da kar vardır.	☐	☐
5. Eda'nın ailesi yakında yazlığa gidecek.	☐	☐
6. Cenk sınavlardan sonra Çeşme'ye gitmek istiyor.	☐	☐

15 Tahmin edelim

Annem *şimdi herhalde,* ______________________________.

Babam ______________________________.

Kardeşlerim ______________________________.

Eşim ______________________________.

16 Okuyalım, tahmin edelim

Burada Ağaç Oldum

Of! Saat ne kadar geç oldu! Elçin nerede kaldı acaba? Yoksa buluşma yerini yanlış mı anladım? Ama hayır, TÖMER'in önü diye konuşmuştuk... Acaba gitsem mi artık? Yok, gitmeyeyim. Belki otobüsü kaçırmıştır ya da trafiğe takılmıştır. En iyisi on dakika daha bekleyeyim...

Bence ______________________________.

Bana göre ______________________________.

Kanımca ______________________________.

Belki ______________________________.

Sanırım ______________________________.

17 Okuyalım, yanıtlayalım

ankara üniversitesi **tömer** 1984

Sözleşmeli

Okutman

Alacaktır

• TÜRKÇE (İstanbul) • İNGİLİZCE (İstanbul, Trabzon, Denizli)
• ALMANCA (İstanbul, Ankara) • FRANSIZCA (İstanbul, Bursa)
• İTALYANCA (İstanbul) • ARAPÇA (Ankara) • ÇİNCE (İstanbul)
• İSPANYOLCA (Ankara) • RUSÇA (Denizli)
• YUNANCA (Bursa) • HOLLANDACA (İstanbul)

ADAYLARIN
- T.C. vatandaşı
- 30 yaşından gün almamış
- İlgili bölümlerin Mütercim-Tercümanlık bölümlerinden mezun ya da Dilbilim bölümlerinden mezun ya da Haziran 2007'de mezun olabilecek durumda olmak gerekmektedir.

BAŞVURU İÇİN GEREKEN BELGELER
- 1 Fotoğraf
- Mezuniyet Belgesi fotokopisi
- Nüfus Cüzdanı örneği
- Özgeçmiş
- Dilekçe

YAZILI SINAV: 28.04.2008 - Saat: 10.00

SÖZLÜ SINAV: 02.05.2008 - Saat: 10.00

BAŞVURU VE SINAV YERİ: İlgili Şubeler

Son Başvuru Tarihi

26 Nisan 2008

Çarşamba

1. A.Ü. TÖMER hangi bölümlerden mezun kişileri kabul etmektedir?

______________________________.

2. Okutman adayları hangi sınavlara girecektir?

______________________________.

3. İstanbul Şubesi hangi diller için okutman alacaktır?

______________________________.

18 Bir ilan verelim

9 Farklı Dünyalar

1. Çok Kültürlü Bir Dünya

1 Eşleştirelim, tamamlayalım

• bazen	• büyük ihtimalle
• çoğunlukla	• hiç / hiçbir zaman
• büyük olasılıkla	• ara sıra
• asla	• genellikle

1. *Genellikle* hafta sonlarında arkadaşlarımla buluşurum.
2. Kardeşim ______________ yumurta yemez; çünkü alerjisi var.
3. Kardeşim ______________ yaramazlık yapıp beni kızdırıyor.
4. Yonca ______________ konsere gelmez, çünkü yatılı misafirleri var.

2 Anlatalım

Kim Ne Yapar?

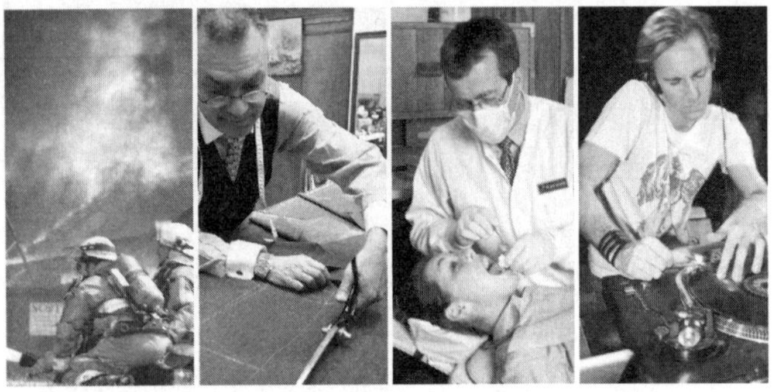

1. *İtfaiyeci yangın söndürür* .
2. ______________ .
3. ______________ .
4. ______________ .

3 Tümce kuralım

1. **Rica:** borç ver-
   Bana biraz borç verir misin ?
2. **Uyarı:** sigaranı söndür-
   ______________ .
3. **Teklif:** dans et-
   ______________ .
4. **Rica:** salata yap-
   ______________ .
5. **Uyarı:** sıraya gir-
   ______________ .

4 Okuyalım, eşleştirelim

Dünyanın farklı bölgelerinde farklı farklı toplumlar var. Hepsinin tarihi, dili, kültürü bambaşka. Bu yüzden her toplumun farklı zevkleri, alışkanlıkları, yaşam biçimleri var. Peki, bu farklılık sadece toplumlar arasında mı?

Bazen kendi aileme bakıyorum da... Sanki hepimiz farklı dünyalardan geldik! Birbirimize hiç benzemiyoruz. Örneğin kardeşlerim... Ablam Nurten pedagogdur. Tam ona uygun bir iş! Çünkü çok sakin bir insandır. Her zaman yumuşak bir ses tonuyla konuşur. Küçük kardeşim tam tersi. Hiç susmaz! Sürekli "Tavuklar neden uçmuyor?", "Neden haftada yedi gün var?" gibi tuhaf sorular sorar.

Ağabeyim daha da ilginçtir. Galatasaray'ın maçlarını hiç kaçırmaz. Stadyumdan döndükten sonra bile televizyonda maçların tekrarını izler. Babam Fenerbahçe fanatiğidir. Bu yüzden ağabeyimle sık sık tartışırlar. Bazen "Bu ailede herkes Fenerbahçeli olacak! Yoksa sizi bir daha asla tatile götürmem!" diye bağırır.

Zavallı annem... Bir lisede öğretmendir. Bütün gün öğrencilerinin yaramazlıklarıyla uğraştıktan sonra evde de hep koşturur. Biraz titizdir. Bu yüzden işleri hiç bitmez.

Bana gelince... Ben doğayı severim. Yaprak koleksiyonum var. Arasıra ağabeyimin ödevlerini yaparım. Yani ben, evdeki en normal insanım!

• Ablam	• titiz
• Ağabeyim	• sakin
• Kardeşim	• meraklı
• Ben	• Fenerbahçeli
• Annem	• maç delisi
• Babam	• doğasever

5 Okuyalım, işaretleyelim

Nasıl Bir İnsansınız?

1. Doğum günümde __________ .
   a. bir diskoya giderim.
   b. arkadaşlarımla akşam yemeğine giderim.
   c. evde film seyreder, pizza yerim.
2. Güneşli bir pazar günü __________ .
   a. ailemle veya arkadaşlarımla pikniğe giderim.
   b. evde gazete okurum ya da internette edebiyat sitelerini gezerim.
   c. bahçede güneşlenirim.
3. Bir iş gününün ardından __________ .
   a. spor salonuna giderim.
   b. resim galerilerini gezerim.
   c. taksiyle eve gider, televizyon seyrederim.
4. Yaz tatilimde __________ .
   a. eğlenceli ve kalabalık bir yere giderim.
   b. tarihi yerleri gezerim, kültür turlarına katılırım.
   c. öğleden sonraları uyurum.
5. Alışverişte __________ .
   a. son moda giysiler alırım.
   b. mutlaka birkaç kitap alırım.
   c. dondurma reyonlarında kendimi kaybederim.

Yanıtlarınızda

"a" mı çok?

Dışadönük bir insansınız. Hareketli etkinliklerden hoşlanırsınız. "Siz hiç durmaz mısınız? Biraz dinlenin ve birkaç kitap okuyun bence."

"b" mi çok?

Entellektüel birisiniz. Her zaman yeni şeyler öğrenmek istersiniz. "Ama fazla sıkıcısınız!"

"c" mi çok?

Sakin bir kişisiniz. Yalnızlıktan hoşlanırsınız. "Yani, bir çuval patatesten farkınız yok!"

6 Yanıtlayalım

1. Sabahları saat kaçta uyanırsınız?
   ______________________________ .
2. Spor yapar mısınız?
   ______________________________ .
3. Kahvaltıda neler yersiniz?
   ______________________________ .
4. Bir günde kaç bardak çay ya da kahve içersiniz?
   ______________________________ .
5. Genellikle hangi tür müzikleri dinlersiniz?
   ______________________________ .
6. Nasıl insanlardan hoşlanmazsınız? Neden?
   ______________________________ .
7. Hangi mevsimi seversiniz? Neden?
   ______________________________ .
8. Ailenizle birlikte neler yaparsınız?
   ______________________________ .
9. Televizyonda hangi programları izlersiniz?
   ______________________________ .
10. En iyi arkadaşınız nelerden hoşlanır?
    ______________________________ .

7 Yazalım

Bu Durumda Ne Yapardınız?

1. Arkadaşınızın üstüne kahve döktünüz.
   ______________________________ .
2. Yemeğe çok tuz koymuşsunuz.
   ______________________________ .
3. Patronunuzun bilgisayarını bozdunuz.
   ______________________________ .
4. Kuaför saçınızı yanlış kesti.
   ______________________________ .
5. Cüzdanınız evde, ama siz taksidesiniz!
   ______________________________ .
6. Yolda arabanızın lastiği patladı.
   ______________________________ .
7. Sinemaya 15 dakika geç kaldınız.
   ______________________________ .
8. Erkek ya da kız arkadaşınız sizden habersiz tatile gitti.
   ______________________________ .
9. Eşiniz evlilik yıldönümünüzü unuttu.
   ______________________________ .
10. Cüzdanınızı kaybettiniz.
    ______________________________ .

8 Bulmacayı çözelim

SOLDAN SAĞA

1. Piknik yiyeceklerini onun içine koyarız; bir nota.
2. Vejetaryenler yemez.
3. Günün bir bölümü.
4. Bir yer; bir ilkbahar ayı.
5. Yemek.
6. "Çok" sözcüğünün zıt anlamlısı; Bize her gün "Çok güzelsin/yakışıklısın." der, bir eşya.
7. Müzikte alfabe; beyaz.
8. Anne.
9. Atın ayakkabısı.
10. Tatlı bir yiyecek; "uzun"un zıt anlamlısı

YUKARIDAN AŞAĞIYA

1. Yıl; babamızın eşi.
2. Spielberg'ün ünlü uzaylısı; taze çiçekleri ona koyarız.
3. Masada on iki .... kalem var.
4. "Yeni"nin zıt anlamlısı; yüzün bir bölümü.
5. Küçük kaya parçası; kırmızı.
6. Odaya ışık verir.
7. Bir hayvan, deveye benzer; orta yaşın üstünde.
8. Bir hayvan; pembe, mavi, yeşil vb.
9. "üst" sözcüğünün zıt anlamlısı; fakat.

	1	2	3	4	5	6	7	8	9
1						■			■
2			■						
3		■						■	
4			■		■				
5	■			■	■		■		■
6			■		■				
7					■	■			■
8		■				■		■	
9		■				■		■	
10	■				■				

9 Tamamlayalım

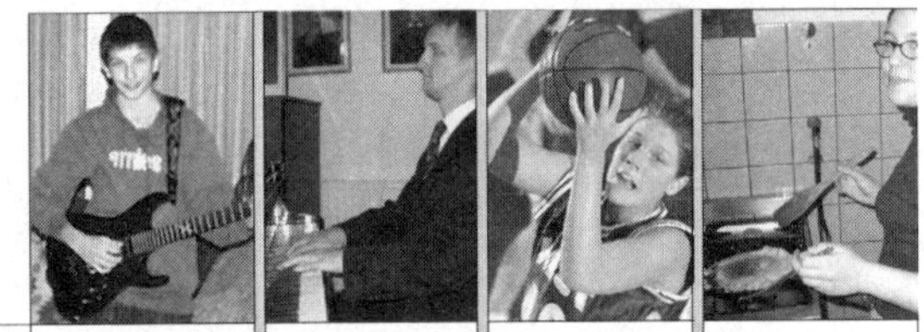

Arda	x	√	√	x
Burcu	x	x	√	√
Çiçek	√	√	x	x
Mehmet	x	√	√	√

1. Arda *gitar çalamıyor ama piyano çalabiliyor*.
2. Arda ____________________.
3. Burcu ____________________.
4. Burcu ____________________.
5. Çiçek ____________________.
6. Çiçek ____________________.
7. Mehmet ____________________.
8. Mehmet ____________________.

10 Yanıtlayalım

İnternette Neler Yapabiliyoruz?

Ben internette şunları yapıyorum:

1. *Alışveriş:* ____________________.
2. *Haberleşme:* ____________________.
3. *Gazete, dergi:* ____________________.
4. *Sohbet:* ____________________.
5. *Oyun:* ____________________.
6. *Araştırma:* ____________________.

11 Dinleyelim, işaretleyelim

İzin

Kayıt sırası 65

1. Ceren annesinden ne istiyor?

   ☐ para ☐ izin ☐ araba

2. Ceren sinemaya ne zaman gitmek istiyor?

   ☐ Cuma akşamı

   ☐ Pazar akşamı

   ☐ Cumartesi akşamı

3. Annesi Ceren'e hangi tür film öneriyor?

   ☐ korku filmi

   ☐ belgesel film

   ☐ çizgi film

4. Ceren'in ablası kaç yaşında?

   ☐ 13 ☐ 18 ☐ 16

12 Soralım

1. Aceleniz var ama taksi şoförü arabayı çok yavaş kullanıyor.

   ____________________?

2. Arkadaşınızı aradınız ve telefonu başka biri açtı.

   ____________________?

3. Öğretmeninizle bir konu hakkında konuşmak istiyorsunuz.

   ____________________?

4. Harçlığınız yine yetmedi. Babanızdan para istiyorsunuz.

   ____________________?

5. Bir Türk arkadaşınız çok hızlı konuşuyor. Sözlerini anlayamıyorsunuz.

   ____________________?

6. Telefonunuzun şarjı bitti. Arkadaşınızdan telefonunu istiyorsunuz.

   ____________________?

7. Patronunuzdan avans istiyorsunuz.

   ____________________?

8. Mağazada bir gömlek beğendiniz ama çok pahalı. Görevliden indirim istiyorsunuz.

   ____________________?

13 Okuyalım, yanıtlayalım

Bir İş Görüşmesi

Cem : Merhaba Eylül, hoş geldin.
Eylül : Merhaba.
Cem : Sen Can'ın arkadaşısın, değil mi? Bize senden söz etti.
Eylül : Evet. Can'la pek görüşemiyoruz ama aslında yakın arkadaşlarımdan biridir.
Cem : Hmm. Duyduğumuza göre bizim grubumuzda solist olmak istiyormuşsun.
Eylül : Evet, konservatuardan bu yıl mezun oldum.
Cem : Daha önce konserlerimize gelebildin mi?
Eylül : Evet, çoğuna. Müziğinizi çok beğeniyorum.
Cem : Sağol. Ama biliyorsun, müzisyenlik zor bir iştir. Örneğin geceleri çalışıyor, gündüzleri uyuyoruz. Düzenli bir hayat sürdüremiyoruz. Sen bu tempoya uyabilir misin?
Eylül : Tabii, benim için sorun olmaz.
Cem : Ayrıca sık sık farklı şehirlere gidiyor, konserler veriyoruz. Sen bu seyahatlere katılabilir misin?
Eylül : Benim babam da bir müzisyendir. Bu nedenle çocukluğum konserlerde geçti. Seyahatlere alışkınım.
Cem : Hmm... Güzel. Peki bir enstrüman çalabiliyor musun?
Eylül : Evet, gitar ve saz çalabiliyorum.
Cem : Peki. Şimdi senden bir şarkı dinleyebilir miyiz? Bir de sesini duyalım.
Eylül : Tabii.

1. Eylül, grubun tüm konserlerine gidebilmiş mi?

   ____________________.

2. Müzisyenlik neden zor bir iş?

   ____________________.

3. Eylül neden seyahatlere alışkın?

   ____________________.

4. Eylül flüt çalabiliyor mu?

   ____________________.

14 Okuyalım, tamamlayalım

Babam:

Eskiden insanlar bugünkü gibi stresli yaşa*mazdı*. Doğal beslen________ ve bu nedenle de daha sağlıklıydılar. Daha az hasta ol________ ve her hastalıkta hemen doktora koş________. Önemsiz hastalıkları bitkilerle ve çeşitli yiyeceklerle evde tedavi etmeye çalışır________.

Annemin de pek çok hastalık için pratik tedavi yöntemleri vardı. Mide bulantısı için nane-limon çayı, soğuk algınlığı için tarhana çorbası yap________. Ben çok hassas bir çocuktum. Hemen üşüt________, hasta ol________. O zaman annem sırtıma karabiber ve bal karışımı bir macun sür________, üzerine sıcak havlu ört________.

Benim çocukluğumda çok çeşitli ilaçlar yoktu. Doktorlar reçetelere ilaç formülleri yaz________, eczacılar da her hasta için özel bir ilaç yap________. Ancak Gripin ve Aspirin o zaman da çok yaygındı. Bu ilaçlar bakkalda bile bulun________.

15 Yeniden yazalım

Ben:

*Eskiden insanlar bugünkü gibi stresli yaşamazmış. Doğal beslen*________

____

____

____

____

____

____

____

____

____

____

____

____

____

____

16 Tamamlayalım

1. Bilgisayar ve televizyon yokken çocuklar sokakta oyna________.
2. Eskiden bu yemeği hiç sev________.
3. Bir çay daha al________.
4. Çocukken evde yalnız kalmaktan çok kork________.
5. Çocukluğumda hep doktor olmak iste________.
6. Gençken ileride zengin bir işadamı olmayı hayal et________.
7. Sen önceden beni daha sık ara________.
8. 40 yıl önce haberleri sadece radyodan dinle________.
9. Önceki işimde şimdiki kadar çok yorul________, daha rahattım.
10. Bekarken daha sık seyahat et________.
11. Eskiden insanlar telgrafla haberleş________.
12. Siz eskiden de buraya sık sık gel________?

17 Soralım

1. *En çok hangi tür müzikten hoşlanırsın*?

   En çok klasik müzikten hoşlanırım.

2. ________________?

   Gençliğimde rock'n roll dinlerdim.

3. ________________?

   Evet, iyi yemek pişiririm.

4. ________________?

   Hayır, eskiden hiç iyi yemek yapamazdım.

5. ________________?

   Evet, her yıl tatile çıkarız.

6. ________________?

   Hayır, çocukluğumda hiç ağaca tırmanmadım.

7. ________________?

   Evet, Türk kahvesini severim.

8. ________________?

   Evet, çocukken de dondurma sevmezdim.

18 Tamamlayalım

1. **Çocuk:** Babacığım siz çocukken hangi oyunları oynar_______?

   Baba: Biz çocukken sizin gibi oyuncaklarımız yok_______ kendi oyuncaklarımızı kendimiz yap_______. Sizin gibi saatlerce bilgisayarın başında oturup oyun oyna_______.

2. **Siz:** Çocuğun babası oyuncaklarını kendisi yap_______. O zaman bilgisayar yok_______ bu nedenle bizim gibi saatlerce bilgisayar oyunları oyna_______.

3. **Çocuk:** Anneciğim sen öğrenciyken çok ders çalış_______?

   Anne: Evet, gece gündüz çalış_______ ve bütün ödevlerimi zamanında yap_______. Bu yüzden bütün öğretmenlerim beni çok sev_______.

4. **Siz:** Çocuğun annesi öğrenciyken çok ders çalış_______. Bu yüzden bütün öğretmenleri onu çok sev_______.

5. **Torun:** Dedeciğim gençken yaşam nasıldı, nasıl yaş_______, neler yap_______?

   Dede: Bizler gençken yaşam oldukça zor_______. Şimdiki gibi arabalar yoktu. Bir yerden bir yere yürüyerek git_______. Telefon nedir bilmez_______. Mektupla haberleş_______. Çeşit çeşit giysilerimiz yoktu bir elbiseyi aylarca giy_______.

6. **Siz:** Dedenin gençliğinde yaşam oldukça zor_______. Şimdiki gibi arabalar yok_______; bir yerden bir yere yürüyerek git_______. Telefon nedir bil_______. Mektupla haberleş_______. Bizler gibi çeşit çeşit giysileri yok_______ bir elbiseyi yıllarca giy_______.

19 Yazalım

1. Öğrenciyken, okulu sever miydiniz? Niçin?

____

2. En çok hangi derslere ilgi duyardınız? Niçin?

____

3. Lisedeyken okulda neler yapardınız?

____

20 Tamamlayalım

1. Ben bebekken çok ağla*rmışım*_______.
2. Dedem gençken bir kulüpte futbol oyna_______.
3. Kardeşim ve ben çocukken hiç yaramazlık yap_______.
4. Annem eskiden Ankara'dan İstanbul'a trenle git_______.
5. Eskiden komşular birbirleriyle daha fazla görüş_______.
6. Televizyon yokken insanlar daha çok sohbet et_______.
7. Kredi kartı yokken insanlar peşin alışveriş yap_______.
8. Eskiden sevgililer birbirine aşk mektupları yaz_______.

10 Medya

1. Haberiniz Var mı?

1 Okuyalım, işaretleyelim

Genç Bir Gazeteci ile Söyleşi

	Doğru	Yanlış
Duygu Atay'a göre;		
1. Gazetecilik sorumluluk ister.	☐	☐
2. Gazetecilikte zamanla yarışmak lazım.	☐	☐
3. Gazetecilik Duygu Atay için çok tehlikeli bir iş.	☐	☐

Duygu Atay'a mesleğini neler sevdiriyor?

1. zevkli olması ☐
2. zaman zaman tehlikeli olması ☐
3. yeni insanlarla tanışmaya olanak vermesi ☐
4. sorumluluğunun fazla olması ☐

Gazeteci: Bize kendinizi tanıtır mısınız?

Duygu Atay: Adım Duygu Atay. 1975 doğumluyum. Ankara Üniversitesi İletişim Fakültesi Gazetecilik Bölümü'nden mezun oldum. Gazi Üniversitesi Uluslararası İlişkiler Bölümü'nde yüksek lisans yapıyorum. 8 yıldır bir haber merkezinde muhabir olarak çalışıyorum. Daha önce 5 yıl bir gazetede muhabirlik yaptım.

Gazeteci: Gazetecilik mesleğini seviyor musunuz?

Duygu Atay: Gazeteciliğin sorumluluğu, zorlukları çok fazla, sürekli zamanla yarışıyorsunuz, hep belli bir saate haber yetiştirmeniz gerekiyor. Ama çok zevkli bir meslek. Sürekli yeni insanlarla tanışıyorsunuz. Dünyada, ülkenizde herkes herşeyi sizin haberlerinizden öğreniyor. Evet, ben mesleğimi seviyorum.

Gazeteci: Ne tür haberler yazıyorsunuz? Spor mu, magazin mi, politika mı?

Duygu Atay: Daha çok politik haberler. Mesleğe siyasi parti muhabirliği ile başladım. Siyasi parti, başbakanlık, TBMM muhabirliği yaptım. Ancak bir gösteriyi de, bir sağlık sorununu ya da bir icadı da haber yapabilirim.

Gazeteci: Gazetecilik mesleğinin sizin için tehlikeli yönleri var mı? Bunlar neler?

Duygu Atay: Benim için önemli bir tehlikesi yok. Ama savaş muhabiri arkadaşlarım için durum elbette farklı. Onları her zaman yollarda, savaş bölgelerinde bir çok tehlike bekler.

Gazeteci: Söyleşi için size çok teşekkür ediyorum.

Duygu Atay: Güzel soruların için ben de çok teşekkür ederim.

2 Tamamlayalım

1. Sınav saat 8.30'da başlıyor. 8.15'te herkesin burada ol*ması* gerekiyor.
2. Çocuk büyüt________ dünyanın en zor işi.
3. Senin bana yalan söyle________ hiç hoş bir davranış değil.
4. Sizin en kısa zamanda onunla görüş________ lazımmış.
5. Her gün aynı işleri yap______ herkes için çok sıkıcı.
6. Fazla çalış________ ve kendine yeterli zaman ayır________ pek çok insanın ortak problemi.
7. İnsanların birbirlerine saygı göster________ beni çok rahatsız ediyor.
8. Sigara iç________ pek çok hastalığa neden oluyor.
9. Yarın çok önemli bir toplantı yapacağız. Hepinizin katıl________ iyi olur.

3 Okuyalım, yeniden yazalım

Sağlıklı Yaşam dergisi, günlük aktivitelerimizde kaç kalori yaktığımızı açıkladı.

- 30 dakika araba yıkamak = 15 dakika kürek çekmek — **143 kalori**
- 1 saat çocuk bakmak = 25 dakika step, aerobik yapmak — **222 kalori**
- 1 saat ev işi yapmak = 30 dakika boks yapmak — **286 kalori**
- 10 dakika yemek yapmak ve sofra kurmak = 8 dakika sırt üstü yüzmek — **80 kalori**
- 1 saat tempolu yürümek = aletlerle 30 dakika egzersiz yapmak — **254 kalori**
- 30 dakika alışveriş yapmak ve torbalarla eve dönüş = 25 dakika step yapmak — **110 kalori**

İnsanın 30 dakika araba yıkamak için 143 kalori harcaması gerekiyor.

30 dakika araba yıkamak 15 dakika kürek çekmeye eşittir.

____

____

____

____

____

____

____

____

____

____

____

____

4 Dinleyelim, tamamlayalım

Çocuklar

Kayıt sırası 66

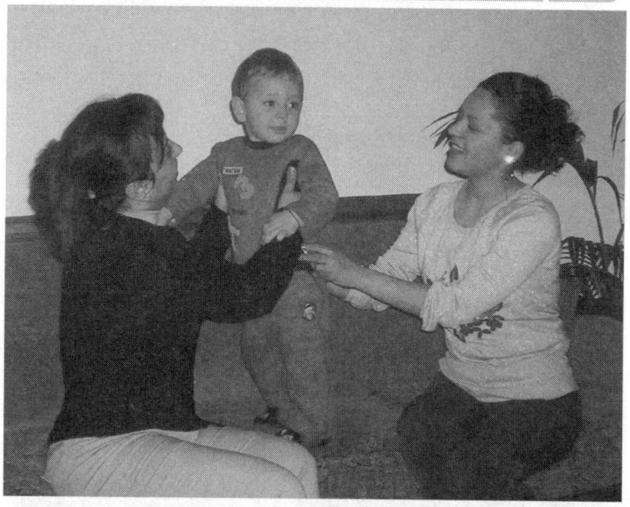

Nilgün : Maşallah, ne kadar büyümüş! Kaç yaşında?
Ayşegül : 3 yaşında.
Nilgün : En sevimli zamanı. Ay, şuna bak, çok sevimli. Küçük yaramaz seni!
Ayşegül : Hem de ne yaramaz! Çok yoruluyorum. Bir yandan ____________ diğer yandan çocuk ____________ ve ev işleri ____________ benim için çok zor oluyor. Kendime hiç zaman ayıramıyorum. Senin ufaklık nasıl?
Nilgün : Artık kocaman adam oldu. Kreşe başladı. Önceleri ____________ istemedi. Ama şimdi alıştı.
Ayşegül : Gitsin tabii. Bu dönemlerde arkadaşlarıyla beraber ____________ onun için çok gerekli.
Nilgün : Tabii psikologlara göre de çocuğun kendine ____________ ve iyi alışkanlıklar ____________ tamamen kreş eğitimine bağlı. Neyse, çok zorluk çıkarmadı bize.
Ayşegül : Aah ah! Benim de bebeğim bir an önce büyüse.

5 Tamamlayalım

1. Açım, *kocaman bir sandviç yemek istiyorum* .
2. Bekarım, ______________________ .
3. Zenginim, ______________________ .
4. Yorgunum, ______________________ .
5. Öğrenciyim, ______________________ .

1. *Çok sıkılıyorum*, hemen buradan çıkmak istiyorum.
1. ____________, seni davet etmek istiyorum.
2. ____________, seninle konuşmak istemiyorum.
3. ____________, yenisini almak istiyorum.
4. ____________, hemen öğrenmek istiyorum.

6 Gruplayalım

kanal • arama motoru • bulmaca • ilan • haber
köşe yazısı • bağlantı • manşet • reklam • yazıcı • makale
röportaj • tartışma • açık oturum • duyuru • sohbet odası

kanal ______

arama motoru ______

bulmaca ______

7 Tamamlayalım

Dün şehirden kaçmaya karar verdim. Çünkü her gün aynı binaları, aynı insanları, aynı yolları gör*mekten* bıktım. Yüksekçe bir yerde güneşin doğ______ seyret______ istiyordum. Bu yüzden bu sabah erkenden yola çıktım. Akşama kadar hiç kimseyle konuşmadım. Sadece kuşların ve böceklerin sesini dinledim. Bu sesleri dinle______ beni gerçekten çok mutlu etti. Çok rahatladım, çok dinlendim. Çoğu zaman fark etmiyoruz ama şehirde yaşa______ bizi doğadan uzaklaştırıyor.

8 Tamamlayalım

1. Dans et*mek* istiyorum. Bana eşlik eder misin?
2. Bugün seni gör______ istiyorum. Zamanın var mı?
3. Ben salıncağa binemem. Düş______ korkuyorum.
4. Babam benim doktor ol______ istiyor ama ben tiyatrocu olacağım.
5. O lokantanın yemekleri iyi değil. Bunun için oraya sadece çay iç______ gidelim.
6. Çok iyi açıkladın. Seni ancak şimdi anla______ başladım.
7. Her sabah yatağımı topla______ nefret ediyorum.
8. Hiç çalışmıyorsun. Senin başarılı ol______ mümkün değil.
9. Sürekli yalan söylüyorsun. Artık seni dinle______ bıktım.
10. Onu çok seviyorum. Gül______, bak______, konuş______... Benim için 1 numara.

9 Sıralayalım

☐ – Harika. Eminim çok güzel bir yolculuk olacak.

☐ – Evet, hala oradayım. Ya sen? Geçen hafta Aydın'la konuştum, "Hale TÜBİTAK'taki işinden ayrıldı." dedi. Doğru mu?

☐ – UNICEF'te görevli bir arkadaşım Afrikalı çocuklarla ilgili bir araştırma yapıyor, ben de ona yardım edeceğim.

☐ – Hasan, seninle sohbet etmek çok güzel ama acele etmeliyim, okula geç kalıyorum.

☐ – Selam Hale! Nasılsın?

☐ – Tamam Hale. Sonra görüşürüz

☐ –Doğru. ODTÜ'nün Fizik Bölümü'nde yüksek lisansa başlayacağım. Dersler çok zamanımı alacak, bu yüzden işimi bırakmak zorunda kaldım. Yüksek lisansımı tamamlayıp Afrika'ya gideceğim.

☐ – İyiyim. Sen de iyi görünüyorsun. Hala TRT'de mi çalışıyorsun?

☐ – Neden gidiyorsun Afrika'ya?

10 Yerleştirelim

Kayak Yapmak

yapmak • vazgeçmek • yapmamak • yapmak
düşmek • kaymamak

Kayak *yapmayı* sever misiniz? Ben çok severim, ama annem benim kayak __________ istemiyor. Çünkü benim __________ çok korkuyor. Oysa ben çok dikkatli kayıyorum. Hızlı __________, tehlikeli hareketler __________ çok özen gösteriyorum. Ben annemi üzmek istemiyorum. Ama kayaktan da __________ düşünmüyorum.

11 Eşleştirelim

1. Tatile gitmek istiyoruz.	[3] Ama teyzem hastanede. Onu ziyaret etmem lazım.
2. Yeni bir araba mı almayı düşünüyorsun?	[ ] Hayır, henüz değil. İstiyorum ama biraz utanıyorum.
3. Hastaneye gitmekten nefret ederim.	[ ] Ama bu çok zor.
4. Haydi kalk, geç kalacaksın!	[ ] Gelmeyi çok isterim. Teşekkürler.
5. Filiz'i hatırlıyor musun?	[ ] Gitmek zorundayım. Bu bir iş gezisi.
6. Yine param bitti.	[ ] Ama paramız yok.
7. Bu akşam eve erken gelmenizi istiyorum.	[ ] Evet, benimki artık eskidi.
8. Seni partiye davet etmek istiyorum. Ne dersin?	[ ] Artık parasız kalmaktan bıktım.
9. Ayşe'ye evlenme teklifi ettin mi?	[ ] Tamam anne, geliriz.
10. Niçin yurt dışına gidiyorsun?	[ ] Maalesef. Yüzünü hatırlamakta zorluk çekiyorum.
11. Sigarayı bırakmak istiyorum.	[ ] Lütfen, anne. Beş dakika daha.

12 Bir haber yazalım

____

____

____

____

____

____

____

____

____

13 Yeniden yazalım

1. "Yerdeki çöpleri topla."
   Senden yerdeki çöpleri toplamanı rica ediyorum / istiyorum.
2. "Bana o kalemi ver."
   ______________________________.
3. "Saatlerce bilgisayarın karşısında oturma."
   ______________________________.
4. "Hastane içinde yüksek sesle konuşmayın."
   ______________________________.
5. "Lütfen, benim için de bir kahve al."
   ______________________________.
6. "Lütfen bana bir daha yalan söyleme."
   ______________________________.
7. Öğretmen öğrencilerine "Gürültü yapmayın." dedi.
   ______________________________.
8. Ona "Beni bekle." dedim.
   ______________________________.
9. Arkadaşım bana "Mektup yaz." dedi.
   ______________________________.
10. Ona "Manavdan iki kilo elma al." dedim.
    ______________________________.
11. Bize "Mutlaka Karadeniz'e gidin ve balık yiyin." dedi.
    ______________________________.
12. Öğretmenim bana "Yabancı dilini geliştirmek için kitap oku." dedi.
    ______________________________.

14 Yeniden yazalım

1. Hostes, yolcudan kemerini bağlamasını istiyor.
   Hostes yolcuya "Kemerinizi bağlayın" diyor .
2. Kütüphane görevlisi öğrenciden kimliğini göstermesini istiyor.
   ______________________________.
3. Uzmanlar mevsim geçişlerinde sağlığımıza dikkat etmemizi söylüyor.
   ______________________________.
4. Müdür sekreterinden kendisine telefon bağlamasını istiyor.
   ______________________________.
5. Murat arkadaşından kendisini on dakika sonra aramasını istiyor.
   ______________________________.
6. Senden beni dikkatle dinlemeni istiyorum.
   ______________________________.
7. Öğrenci öğretmenden son konuyu tekrar anlatmasını istiyor.
   ______________________________.
8. Resepsiyonist müşteriye formu doldurmasını söylüyor.
   ______________________________.

15 Tamamlayalım

1. Ayşe Hanım oğluna "Kendine dikkat et." dedi.
   Ayşe Hanım *oğlundan* kendisine dikkat *etmesini* istedi.
2. Murat bana "Bu kitabı Ali'ye ver." dedi.
   Murat ________ bu kitabı Ali'ye ________ söyledi.
3. Çocuk babasına "Lütfen bu bisikleti al." dedi.
   Çocuk ________ o bisikleti ________ istedi.
4. Uzmanlar insanlara "Günde en az altı saat uyuyun." diyor.
   Uzmanlar ________ günde en az altı saat ________ söylüyor.
5. Doktorum bana "Yılda bir kez sağlık kontrolü yaptırın." dedi.
   Doktorum ________ yılda bir kez sağlık kontrolü ________ söyledi.

16 Tamamlayalım

1. *Delikanlı genç kıza "Benimle hemen evlen." dedi.*
   Delikanlı *genç kızdan onunla* hemen *evlenmesini* istedi.
2. *Genç adam arkadaşına "Beni bir daha arama." dedi.*
   Genç adam arkadaşına ________ bir daha ________ söyledi.
3. *Görevli Murat'a "Arabanızı buraya park etmeyin." dedi.*
   Görevli Murat'tan ________ oraya park ________ istedi.
4. *Anne çocuğuna "Bana bir daha yalan söyleme." dedi.*
   Anne çocuğundan ________ bir daha yalan ________ istedi.

17 Tamamlayalım, işaretleyelim

Önemsiz Şeyler

Gün içinde birçok küçük şey bizi üzer, canımızı sıkar. Yabancı birinin bize sen *demesine* (de-), sokakta birinin yanlışlıkla çarpıp özür dilemeden yürüyüp __________ (git-) sinirleniriz. Arka sıradakilerin yüksek sesle ________ (konuş-) kızıp sinemadan çıkabiliriz. Bazı insanların kalabalık yerlerde sigara __________ (iç-), yağmurlu bir günde bir arabanın üzerimize çamur __________ (sıçrat-) da bu küçük can sıkıcı olaylardandır.

Bazen de farkında olmadan kendi kendimizi kızdırırız. Olmayacak şeyler isteyip sonra da onların __________ (gerçekleş-) üzülürüz. Örneğin evli birinin hem eşiyle daha çok vakit __________ (geçir-) __________ (iste-), hem daha çok para __________________ (kazan-) ____________ (iste-) olmayacak bir şeydir. Bu iki isteğin aynı anda ____________ (gerçekleş-), yani bir insanın hem az ________________ (çalış-) hem de çok para ________________ (kazan-) mümkün müdür?

Başka bir örnek: Sabah evden çıktınız ama telefonunuzu evde unuttunuz. Beş kat çıkıp telefonunuzu __________ (al-) gerekiyor. Böyle bir durumda çoğumuz kendimize kızarız. Ama bir de şöyle düşünün. Bugüne kadar pek çok kez telefonunuzu unutmadan çıktınız evden. Hiç bu başarınızdan dolayı kendinizi ________________ (kutla-) aklınıza geldi mi? Cevabınız "hayır" değil mi? İşte bu tür durumlarda şunu düşünün: Böyle bir aksilik, milyonlarca olasılıktan biridir. O zaman yaşamınızdaki sorunlara bir de bu düşüncelerle yaklaşın. Yolunda giden her şeyi bir mutluluk kaynağı olarak ______________ (gör-) deneyin.

	Doğru	Yanlış
1. İnsanlara "sen" demek saygısızlıktır.	☐	☐
2. Yalnızca başka insanlar bizi kızdırır.	☐	☐
3. Her zaman gerçekleşmesi mümkün hayaller kurarız.	☐	☐
4. Az çalışıp, çok para kazanmak mümkündür.	☐	☐
5. Başarılarımızla mutlu olmayı öğrenmemiz gerek.	☐	☐

olasılık → ihtimal	yanıt
düşünce	hayat
çok	zaman
cevap	ihtimal
sorun	fazla
yaşam	defa
vakit	problem
kez	fikir

18 Anlatalım

Beni

Arkadaşlarımın aramaması, ____

____

____

____

üzer.

11 Sağlıklı Bir Yaşam

1. Sağlığınız İçin

1 Yeniden yazalım

1. Öğrenci işlerine gittim. Kayıt yaptırdım.
   Öğrenci işlerine gidip kayıt yaptırdım .
2. Mayosunu giydi. Havuza girdi.
   ________________.
3. Öğrenciler sınavı bitirdi. Sınıftan çıktı.
   ________________.
4. Bahçeye çıktık. Çiçek topladık.
   ________________.
5. Işığı kapattı. Uyudu.
   ________________.
6. Lokantayı aradı. Akşam yemeği için rezervasyon yaptırdı.
   ________________.
7. Markete girdi. Bir ekmek aldı.
   ________________.
8. Kitapları masaya koydu. Dışarıya çıktı.
   ________________.
9. Sema kafeteryada bizi gördü. Yanımıza geldi.
   ________________.
10. Paketi açtı. İçinden hediyesini çıkardı.
   ________________.

2 Tamamlayalım

1. Oğlum sütü çok sever. Her akşam mutlaka sütünü iç *ip*____ uyur.
2. Bu sabah evden birşey ye________ çıktım. Şimdi karnım çok aç.
3. Kemal ödevini yap________ okula gitti. Öğretmen ona kızdı.
4. İşlerimizi bitirdik. Bir kahve iç________ keyif yapalım.
5. Sanem ve Tarık bütün gün hiç konuş________ oturdular.
6. Canım çok sıkıldı. Bir bara git________ bir şeyler içelim mi?
7. Biraz parkta yürü________ rahatlamak istiyorum.
8. Güneş gözlüğü tak________ dışarıya çıktı. Gözleri rahatsız oldu.

3 Yerleştirelim

başını alıp git- • bağırıp çağır- • kırıp dök- sevip say- • gülüp geç- • soyup soğana çevir- yatıp kalk- • ağlayıp zırla- • kaldırıp at- • dalıp git- kaçıp kurtul- • inip çık- • gelip git- • arayıp sor-

1. Bu şehirden çok sıkıldım. Buraları terk etmek, *başımı alıp gitmek* istiyorum.
2. Adam sinirle içeriye girdi ve herkese ________ başladı.
3. O hiçbir şeyi önemsemez. Kendisi hakkındaki kötü eleştirilere bile ________ .
4. Hırsız bütün değerli eşyaları almış. Evi ________ .
5. Kazadan hafif bir yarayla kurtuldum. Bunun için ________ dua ediyorum.
6. Çocuklar bütün gün evde yaramazlık yapmışlar. Evdeki cam eşyaları ________ .
7. Bu iş yerinde herkes çok iyi anlaşır, birbirini ________ .
8. Kentin gürültüsünden, trafiğinden, kalabalığından ________ için küçük bir sahil kasabasına yerleşti.
9. İş yerinden evime yürüyerek ________ .
10. Hey! Yine ________! Ne düşünüyorsun?
11. İş yerimizdeki asansör bozuldu. Bu yüzden hergün on kat merdiven ________ .
12. Of! Bilgisayar yine takıldı! Artık bu bilgisayarı ________ istiyorum.
13. Ne kadar şımarık bir çocuk! Annesi o oyuncağı almadı diye bir saattir ________ .
14. Sana çok kırgınım. Sen benim en yakın arkadaşımdın ama aylardır beni ________ .

4 Tamamlayalım

1. Hırsız genç kızın çantasını kap *ıp*_____ kaçtı.
2. Çok yorgunum. Yemeğimi ye *meden* uyuyacağım.
3. Anahtarımı al_________ evden çıkmışım.
4. Diş temizliğime çok dikkat ederim. Geceleri dişlerimi fırçala_________ yatmam.
5. Bu akşam partiye git_________ evde oturacağım.
6. İşten sonra arkadaşlarla bir kafede otur_________ sohbet ettik.
7. Çok hastasın ama bir doktora git_________ sağlığını tehlikeye atıyorsun.
8. Ceketimi giy_________ dışarıya çıktım. Çok üşüdüm.
9. Akşam televizyon seyret_________ kitap okumayı tercih ediyorum.
10. Şemsiyemi al_________ dışarıya çıktım.Yağmurda ıslandım.
11. Bu akşam evden çık_____ iyice dinlenmek istiyorum.
12. İnsanları tanı_________ onlar hakkında karar verme.

5 Yeniden yazalım

1. Elif akşam yemeğini yedi. Uyudu.
   Elif akşam yemeğini yiyip uyudu
2. Kütüphaneye gidelim. Bu konuyu araştıralım.
   _________________________________.
3. Filmi seyredin. Bize de anlatın.
   _________________________________.
4. Bana "Günaydın." demedi. Yanımdan geçti.
   _________________________________.
5. Bizimle vedalaşmadı. İş yerinden ayrıldı.
   _________________________________.
6. Öğretmenden izin almadı. Sınıftan çıktı.
   _________________________________.
7. Ellerini yıkamadı. Yemeğe başladı.
   _________________________________.
8. Hafta sonu evde oturmadım. Arkadaşımı ziyaret ettim.
   _________________________________.
9. Şoför kırmızı ışıkta durmadı. Herkesin hayatını tehlikeye attı.
   _________________________________.
10. Bu akşam geç vakte kadar ders çalışmayacağım. Erken yatacağım.
   _________________________________.

6 Okuyalım, tamamlayalım

Yemek Tarifi

Bugün *"Bir Tabak Sağlık"* programımızda enginar yemeği yapacağız. Haydi mutfağa...

Malzemeler:
- 5 adet enginar
- Yarım çay bardağı zeytinyağı
- 1 küçük kutu bezelye
- 2 adet patates
- 2 adet havuç
- 1 bardak su
- Dereotu

Önce enginarları iyice yıka *yıp* kurulayın. Havuçları ve patatesleri küçük küçük doğrayın. Yağı tencereye koyun. Üstüne havuçları ekle_______ karıştırın. Daha sonra üstüne patatesleri ekleyin. Biraz daha karıştır_______ bezelyeyi koyun. En son tuzu ekleyin. Biraz daha karıştırın. Ocağın altını kapatın. Enginarları geniş bir tencereye diz_______ içlerine karışımı koyun. Bir bardak su ekleyin, tencerenin kapağını kapat_______ pişirin. Ancak ocağın altını çok fazla açma_______ yemeğinizi kısık ateşte pişirin. Yemek pişince dereotunu serp_______ servis yapın. Afiyet olsun!

11.2 Strese Girmeyin

7 Tamamlayalım

1. Akşamları kitap oku_yarak_ uyurum.
2. Bu kadar parayı çok çalış________ biriktirdi.
3. Bu bardağı kalemlik ol________ kullanmayı düşünüyorum.
4. Küçük çocuk ağla________ yanımıza geldi.
5. Spor yap________ daha enerjik olabiliriz.
6. Ayşe şarkı söyle________ iş yapıyor.

8 Yanıtlayalım

1. İnsanlar konseri nasıl seyrediyorlar?

____

____

____

2. Onlar nasıl sohbet ediyorlar?

____

____

____

3. Tarık nasıl şarkı söylüyor?

____

____

____

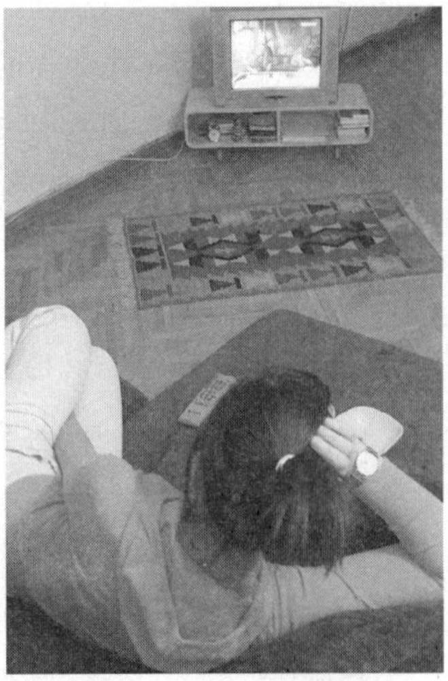

4. Aslı nasıl televizyon seyrediyor?

____

____

____

5. Kadın nasıl kitap okuyor?

____

____

____

9 Tamamlayalım

1. Markete gi_dip_ alışveriş yapacağım. Sen de bir şey ister misin?
2. Dün gece üzerimi ört________ uyudum. Çok üşüdüm.
3. Cüzdanımı evde unut________ dışarıya çıkmışım. Yolun yarısından geri dönmek zorunda kaldım.
4. Küçük kız ağla________ kazayı anlattı.
5. İşlerini zamanında bitir________ büyük bir hata yapıyorsun.
6. Ayten eve kadar yürü________ otobüse binmeyi tercih etti.
7. Ankara'ya turist ol________ geldim, ama sonra burada yaşamaya karar verdim.
8. Bundan sonra insanların önünde sus________ konuşacağım.
9. Demet her zaman insanlarla gül________ konuşur.
10. İşlerimi bitir________ arkadaşlarımla buluşmaya gideceğim.

10 Dinleyelim, tamamlayalım

Sağlık İçin

Kayıt sırası 67

Şüphesiz mutlu bir hayatın ilk şartı sağlıklı olmak. Doğru beslen_ip_ gerekli fiziksel aktiviteleri yap______ sağlıklı olmak mümkün. Bunun yanında sağlıklı fakat mutsuz pek çok insan var. Bu da bize gösteriyor ki mutluluğu ancak hem beden sağlığımıza hem de ruh sağlığımıza dikkat et______ yakalayabiliriz. Ruh sağlığımızı korumak için öncelikle stresten uzak durmamız gerekiyor. Sorunları büyüt______ çözmeye çalışmak gerekiyor. Ayrıca kendimizi sorumluluklarımızın altında ez______ yaşamak çok önemli. Kendimize vakit ayırmamız gerek. Hobilerimize, yakın çevremize, sosyal hayatımıza yeterli zamanı ayır______ dengeli bir yaşam sürmemiz mümkün.

11 Okuyalım, işaretleyelim, yanıtlayalım

HAYDİ SPORA BAŞLAYALIM!

Berna : Yemekleri beğendin mi? Bugün lezzetli ve sağlıklı yemekler pişirmek istedim.
Alper : Yemeklerin hepsi çok lezzetliydi. Eline sağlık. Bu güzel bir yemekten sonra ben de güzel bir kahve yapayım. Birazdan televizyonda güzel bir film başlayacak. Oturup beraber film seyredelim.
Berna : Sağol, ama ben biraz sonra karşıdaki spor tesisine gidip yürüyüş yapacağım. Sen de gelmek ister misin?
Alper : Bu saatte mi? Daha önce hiç bu saatte yürüyüş yapmıyordun.
Berna : Evet, artık daha sağlıklı olmaya karar verdim. Bundan sonra evde televizyon karşısında oturmayıp dışarıda spor yapacağım. Hafta sonu da tenis kursuna başladım.
Alper : Neden bir anda böyle bir karar verdin?
Berna : Çünkü artık hastalıklarımızın temelinin yaşam tarzımızla ilgili olduğunu anladım. Bu nedenle yaşam tarzımı ve alışkanlıklarımı değiştirip sağlıklı olmak istedim.
Alper : Yaşam tarzımızda ne var ki?
Berna : Ben ofiste gün boyu hiç kıpırdamadan masa başında çalışıyorum. Akşam işten sonra arabaya binip eve geliyorum. Yemekten sonra da çok fazla hareket etmiyorum. Bence bu sağlıksız bir yaşam.
Alper : Haklısın. Ben de bütün günü yerimden çok fazla kalkmadan geçiriyorum. İş yerinde bir kaç kat çıkmak için yürümeyip asansöre binmeyi tercih ediyorum.
Berna : Birçok insan bizim gibi yaşıyor. Kaçımız sabah yarım saat erken kalkıp egzersiz yapmak istiyor? Ya da iş yerine arabayla gitmeyip yürümeyi tercih ediyor?
Alper : Hiçbirimiz sanırım. İnsanlar kendilerini çok fazla yormadan yaşamak istiyorlar.
Berna : Sağlık hakkında bu kadar konuştuktan sonra şimdi benimle yürüyüş yapmak istiyor musun?

	Doğru	Yanlış
1. Alper Berna'ya birlikte spor yapmayı teklif ediyor.	☐	☐
2. Berna işten eve arabayla geliyor.	☐	☐
3. Alper iş yerinde merdivenlerden çıkmayıp asansöre biniyor.	☐	☐
4. Berna hayat tarzını değiştirip yeni bir yaşama başlamak istiyor.	☐	☐
5. Alper ve Berna yemekten sonra beraber çay içip televizyon seyrediyorlar.	☐	☐

1. Berna neden spor yapmaya karar verdi?
_______________.
2. Alper iş yerinde nasıl çalışıyor?
_______________.
3. Alper'e göre insanlar nasıl yaşıyorlar?
_______________.

12 Yeniden yazalım

1. Sinan kütüphaneye gitti. Ders çalıştı.
   Sinan kütüphaneye gidip ders çalıştı .
2. Ulaş doktora gitmedi. Sağlığını tehlikeye attı.
   ____________________.
3. Ayşe kimseye haber vermedi. Evden çıktı.
   ____________________.
4. Karşımızdaki adam gülüyor. Bir yandan da bize bakıyor.
   ____________________.
5. Adam bu soğukta denize atladı. Yüzmeye başladı.
   ____________________.
6. Senelerdir görüşmüyoruz. Birbirimizin yüzünü unuttuk.
   ____________________.
7. Çocuklar şarkı söylüyorlar. Yürüyorlar.
   ____________________.
8. Spor yaptım ve yemeklerime dikkat ettim. Böylece kolayca eski formuma kavuştum.
   ____________________.

13 Tamamlayalım

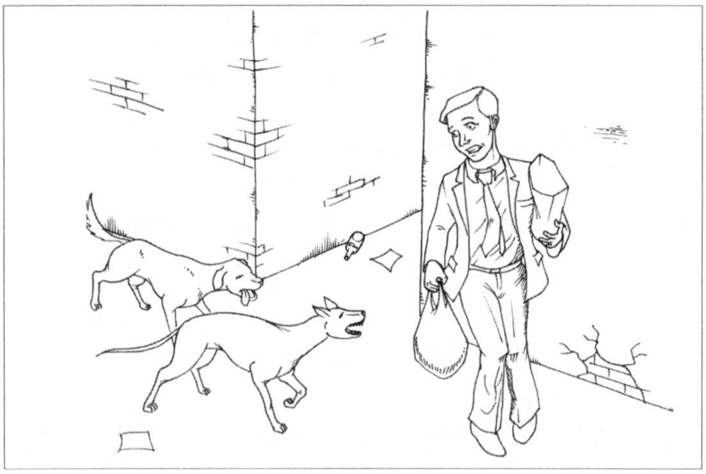

Bu sabah erkenden kalktım. Hiçbir şey ye*meden* evden çıktım. Çünkü markete git______ kahvaltı için alışveriş yapmak istedim. Hava çok güzeldi. Bu yüzden markete yürü______ gittim. Alışveriş yap______ marketten çıktım.Yolda gül______ oyna______ yürüyordum. Birden bir ses duydum. Bir grup köpek havla______ bana doğru geliyordu. Aslında köpekleri severim, ama çok korktum ve hemen koş______ taksi durağına gittim. Bir taksiye bin______ eve döndüm. Yani sabah yürüyüşüm çok keyifli olmadı. Bu olaydan sonra karar verdim: Artık yürüyerek markete giderken daha dikkatli olacağım.

14 Okuyalım, yanıtlayalım

Doktorluk

Çocukluğumda en büyük hayalim doktor olmaktı. Bembeyaz giysileri, sürekli hastane koridorlarında koşturmaları, çoğu zaman kendi aralarında ilaç ve hastalık adlarıyla dolu farklı bir dil konuşmaları ile doktorlar çocukken ilgimi çekiyordu. Lisede bütün amacım tıp fakültesine girebilmekti. Bunun için çok çalıştım. Sonunda hayalim gerçek oldu ve tıp fakültesini kazandım. Altı zor yıldan sonra fakülteyi bitirip küçük bir kasabada doktorluğa başladım.

İlk zamanlarda çok heyecanlıydım. Hasta insanlara yardım etmek, onları iyileştirmek bana büyük bir mutluluk veriyordu. Bir yandan da hata yapmaktan korkuyordum. Ama hiç hata yapmamak ne yazık ki mümkün değil. Sanıyorum, benim mesleğimde önemli olan az hata yapmak.

Doktorluğun başka bir zorluğu da çalışma saatlerinin belli olmaması. Yaz kış, gece gündüz her zaman birileri hasta olabilir ve bize ihtiyaç duyabilir. Bazı günler neredeyse hiç uyumadan bütün gün çalışmamız gerekebilir. Bu nedenle işimiz çoğu zaman ailemizden, kendi özel yaşantımızdan daha önce geliyor. Yani hastalarımız bizim için her şeyden daha önemli.

Tüm bu zorluklarına rağmen bugüne kadar bu mesleği seçmemle ilgili hiçbir pişmanlık duymadım. Çünkü bazen bir insanı hayata döndürmek, birine umut olmak en büyük mutluluk bana göre.

1. Doktorun bu mesleğe ilgisi nereden kaynaklanıyor?
   ____
2. Metne göre doktorluğun zorlukları neler?
   ____
3. Doktor niçin meslek seçimiyle ilgili bir pişmanlık duymuyor?
   ____

15 Okuyalım, tamamlayalım

Hülya'nın Bir Günü

Ben sabah erken kalkarım. Önce kahvemi iç__________ gazetemi okurum. Mutlaka birkaç fincan kahve içerim. Çünkü kahve iç______________ kendimi gelemem. Daha sonra dışarıya çık______________ yürüyüş yaparım. Yürüyüş sırasında mutlaka kulaklıkla müzik dinlerim. Çünkü müzik dinle__________ yürümek beni çok rahatlatıyor. Yaklaşık bir saat sonra eve dön______________ duşumu alırım. Hazırlan______________ ofisime giderim.

Genellikle kahvaltı yap__________ evden çıkarım, çünkü sabahları çok iştahım olmaz. Öğlene kadar menajerimle radyo ve konser programları hakkında konuşuruz. Bu arada yine bir iki bardak kahve içerim. Öğlene kadar bütün işlerimi bitir__________ ofisten ayrılırım. Öğle yemeklerinde genellikle arkadaşlarımla buluşurum. Onlarla sohbet et__________ yemek yemeyi çok severim. Öğle yemeklerinde et ve salata yemeyi tercih ederim. Daha sonra ya stüdyoya ya da radyo programına giderim.

Hafta içi iki gün çalış______________ kendime zaman ayırmayı tercih ederim. Böyle günlerde daha geç kalkarım. İyice dinlen______________ yataktan çıkmam. Genellikle vaktimi evde film izle__________ geçiririm. Aynı zamanda böyle günlerde tatlı, cips gibi yiyecekler ye______________ kendimi şımartırım.

16 Öyküleyelim

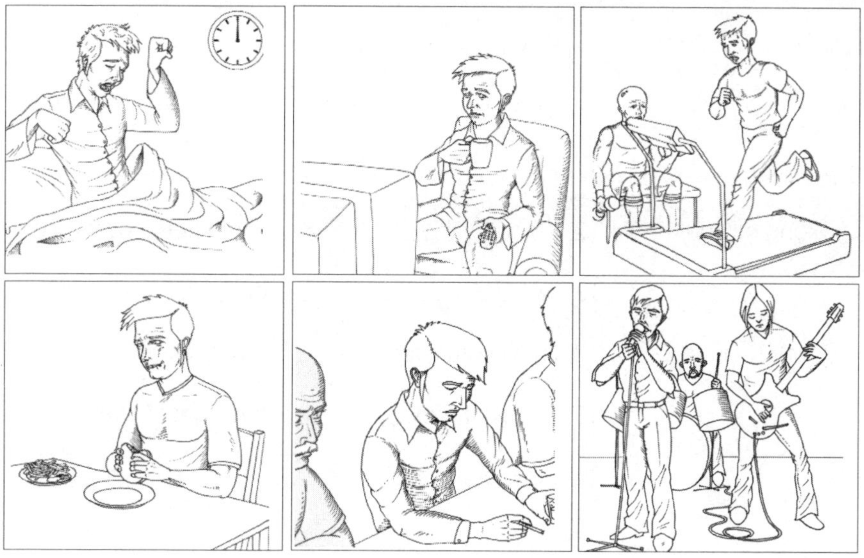

____
____
____
____
____
____
____
____
____
____
____

12 Yolculuk

1. Nereye Gidelim?

1 Tamamlayalım, eşleştirelim

1. Sabah erken kalkabil_______	☐ yalan söylemekten vazgeçmelisin.
2. Sana insanların inan_______	☐ akşam erken yatmalısın.
3. Sağlıklı yaşa_______	☐ bütün derslerden geçmen lazım.
4. Daha büyük bir ev al_______	☐ trafik kurallarına uymalıyız.
5. Başarısız olup hayal kırıklığına uğra_______	☐ gücünüzün yetmeyeceği işleri yapmaya çalışmayın.
6. Bir ülkenin kalkınıp geliş_______	☐ bankadan kredi çektim.
7. Dili konuşurken ve yazarken doğru ve etkili kullan_______	☐ bol bol kitap okumalı ve yazma denemeleri yapmalıyız.
8. Yazın rahat rahat tatil yapabil_______	☐ ehliyet almak lazım.
9. Araba kullanabil_______	☐ iyi yönetilmesi lazım.
10. Kaza yap_______	☐ dengeli beslenmeliyiz

2 Gruplayalım

yat • yelken • marina • dağ • orman
din • kaplıca • koy • şifa • körfez • plaj • İslam
Hristiyanlık • plato • Musevilik • mavi yolculuk
liman • sinagog • kilise • dalış • cami • çamur
doğa yürüyüşü • banyo • tedavi • vadi

İnanç Turizmi: _______________

____

____

____

Sağlık Turizmi: _______________

____

____

____

Deniz Turizmi: _______________

____

____

____

Yayla Turizmi: _______________

____

____

____

3 Tamamlayalım

1. Buraya seni gör*mek için* geldim.
2. Kendimi savun_______ bana fırsat vermiyorsun.
3. Benimle konuş_______ telefonlarıma çıkmıyor.
4. Senin üzül_______ her şeyi yapacağım.
5. Bir daha onlarla görüş_______ ona yalvardım.
6. Onu o halde gördüm ve ağla_______ kendimi zor tuttum.
7. Bizim bu işi zamanında bitir_______ onun da bize yardım etmesi gerekiyor.
8. Bu işi başar_______ hiçbir neden yok! Umutsuz olma.
9. Stresten uzaklaş_______ resim kursuna katıldım.
10. Arkadaşım merdivenden düştü. Gül_______ başka bir tarafa baktım.
11. Daha iyi bir iş bulabil_______ İngilizce öğreniyorum.
12. Kursa katıl_______ kayıt yaptırmanız gerekiyor.
13. Sonra pişman ol_______ önce çok iyi düşünün.
14. En iyi kararı ver_______ ona yardım edelim.
15. Çocukların uyu_______ onlara masal okuyorum.
16. Bu kitabı bulabil_______ pek çok sahafı dolaştım.

4 Okuyalım, yerleştirelim, işaretleyelim

Aileyle Tatil

hissetmesi için • organize etmek için • seçebilmeniz için • geçirebilmeniz için • belirlemek için

Bu yaz, izin döneminizi ailenizle baş başa, bir tatil yöresinde geçirmek istiyorsunuz ve ailenizde farklı yaş gruplarından insanlar, çocuklar ve aile büyükleri var. Herkesin tatilde kendini rahat _hissetmesi için_ nasıl bir program yapmanız gerekiyor? Bizim bu konuda size birkaç önerimiz var.

En uygun tatili ______________ öncelikle, ailenizdeki çocukları ve yaşlıları da düşünmeniz gerekir. Peki, nasıl bir yere gideceksiniz? Yurt dışına mı çıkacaksınız? Deniz kenarını mı ormanlık alanları mı tercih edeceksiniz? Konaklama için tatil köylerini mi, 5 yıldızlı otelleri mi yoksa pansiyonları mı tercih edersiniz? Herşeyi tek tek düşünmeniz gerekir. Ancak, tatilinizi iyi ______________ sadece sizin düşünmeniz yetmez. Ailedeki bireylerin fikrini almanız gerekir. Neleri seviyorlar, nelerden rahatsız oluyorlar? Böylece kafanızda ortak bir fikir oluşacaktır.

Daha sonra, ortak zevklerinize uygun tatili ______________ internet siteleri veya gazetelerdeki tanıtımları, kampanyaları öğrenmeniz iyi olur. Bunun için seyahat acentelerinden de yardım alabilirsiniz. Acenteler, ailenizle daha eğlenceli zaman ______________ en uygun yer ve otellerle ilgili size farklı önerilerde bulunabilir. Örneğin hangi otellerde akuapark bulunuyor? Nerede eğlence parkları, hayvanat bahçeleri var?

Bütün bilgileri aldıktan sonra ailenizdeki diğer kişilerle birlikte karar verebilir ve bavullarınızı hazırlamaya başlayabilirsiniz.

	Doğru	Yanlış
1. Tüm aile bireylerini düşünerek tatil planı yapmak gerek.	☐	☐
2. Turizm acenteleri size uygun tatil önerileri sunabilir.	☐	☐

5 Hangisinin yanıtı yok, işaretleyelim

a. Ailemdeki herkes için en uygun tatili nasıl seçebilirim? ☐

b. Tatil yeri ile ilgili bilgileri nerede bulabilirim? ☐

c. Ailem için en uygun tatil yeri neresidir? ☐

d. Acenteler bana hangi konularda bilgi verebilir? ☐

6 Eş anlamlısını bulalım

"Bizim size birkaç önerimiz var" tümcesindeki altı çizili sözcüğün yerine hangisi gelebilir?

a. teklif　　b. tercih

c. tavsiye　　d. rica

7 Uygun başlığı bulalım

Aşağıdakilerden hangisi metin için uygun bir başlık olabilir?

a. Tatil Önerileri ☐　　b. Başbaşa Tatil ☐

c. Tatil Organizasyonu ☐　　d. En Uygun Tatil ☐

8 Okuyalım, işaretleyelim, dolduralım

HANGİSİ?

Ulaşım araçları günlük hayatımızın bir parçası. Örneğin gün içindeki ulaşımımızı sağlamak için otobüs, metro, minibüs, taksi gibi pek çok seçeneğe sahibiz. Her seçeneğin de farklı avantaj ve dezavantajları var elbette. Örneğin otomobiller... Kullanmayı biliyorsunuz ve otomobiliniz de var, bu durumda pek çok insan gibi siz de rahat etmek için arabanızla ulaşımı tercih edersiniz herhalde! Ama sürekli dikkatli olmaya çalışmak, başkalarının hataları yüzünden strese girmek, benzine çok fazla para vermek, park sorunu yaşamak bizi bu rahatlıktan biraz uzaklaştırıyor sanki! Bu sebepler toplu taşıma araçlarını daha avantajlı hale getiriyor. O zaman otobüsleri düşünelim biraz... Otobüs durağı evinize ya da işinize yakın bir yerde mi? Otobüste oturmak üzere yer bulabilecek misiniz? Yazın sıcak kışın soğuk hava sizi otobüste rahatsız edecek mi? **Bunlar** benim için sorun değil, ekonomik bir taşıtta ve stresten uzak olmam herşeyden daha önemli." diyorsanız, otobüs doğru seçim. Ayrıca otobüste ayakta kalma sorununu minibüsleri tercih ederek çözerim diye düşünüyor da olabilirsiniz. Ama minübüse binmek için uzun kuyrukları da hatırlayın lütfen! Ben trafikte durup kalkmaktan hoşlanmam, hızlı ulaşım benim için çok önemli mi diyorsunuz? Metrolar sizin hizmetinizde! Elbette bir şart var, yerin altında, kapalı bir alanda yolculuktan korkmayacaksınız! Seçim sizin. Artılarıyla eksileriyle pek çok taşıt sizi bir yerlere götürmek için bekliyor, acele edin.

	Doğru	Yanlış
1. Otomobille ulaşımın da zorlukları vardır	☐	☐
2. Minibüste yer bulmak otobüste yer bulmaktan daha kolaydır	☐	☐
3. En avantajlı ulaşım aracı arabadır.	☐	☐
4. Metro, bir yere daha hızlı ulaşmak için uygun bir tercih olabilir.	☐	☐

Bunlar:

1. Başkalarının hataları yüzünden stres yaşamak ☐
2. Durağın eve ya da işe yakınlığı ☐
3. Otobüste ayakta kalmak ☐
4. Otobüsün sıcak ya da soğuk olması ☐
5. Uzun kuyruklarda sıra beklemek ☐

	Avantajları	Dezavantajları
Otomobil	*rahat*	*benzin masrafı, park sorunu, trafikte stres*
Otobüs		
Minibüs		
Metro		

9 Tamamlayalım

1. Çocuklar okuma-yazmayı öğren *mek üzere* .
2. Konuşmacı sözlerine başla__________ kürsüye geldi.
3. Emre ile Gül evlen__________ belediyeye başvurdu.
4. Bir toplantıya katıl__________ yarın Lizbon'a gidiyorum.
5. Dinlen__________ konferansa ara verdik.
6. Jüri birinciyi seç__________ toplanacak.
7. Kemerlerinizi bağlayın, uçak alana in__________ .
8. Metroya bin__________ , beni daha sonra ara.
9. Açlıktan bayıl__________ , hemen birşeyler yiyelim.
10. Yemek piş__________ , haydi sofraya gelin.
11. Bana problemlerini anlatabilirsin. Sana yardımcı ol__________ buradayım.
12. Beni bekleyin, beraber gidelim. İşim bit__________ .
13. Meral sigarayı bırak__________ profesyonel yardım almaya karar verdi.
14. Acele edin. Süreniz dol__________ .

10 Eşleştirelim

1. Dağcılar dağa çıkmak için	☐ gelmek üzere.
2. Raporları dosyalaması için	☐ otele telefon ettim.
3. Bayram tatilinde yer ayırmaları için	☐ sekretere verdim.
4. Saçlarımı boyatmak için	☐ yoga yapıyorum.
5. Bir iş toplantısına katılmak için	[1] malzemelerini hazırlıyor.
6. Doğum gününde anneme vermek üzere	☐ toplandık.
7. Kendimi daha iyi hissetmek için	☐ bir çanta aldım.
8. Burada, kazanan yarışmacılara ödül vermek üzere	☐ Fransa'ya gidiyoruz.
9. Biraz bekleyin, servis aracı	☐ haritalarınızı yanınıza almanız gerek.
10. Kaybolmamanız için	☐ kuaföre gideceğim.

11 Okuyalım, yanıtlayalım

Adrenalininizin
Yükselmesinden
Hoşlanıyor musunuz?

Dağ turizmi Türkiye'de çok yaygın bir turizm türü değil. Dağ sporlarını da çok kişi yapmıyor. Ancak, genç kuşaklarda dağ sporlarına ve turizmine ilgi artıyor. Nasuh Mahruki adlı dağcımız buna iyi bir örnektir. Ayrıca, dağcılık sporu insanın doğa ile ilişki kurmasına, ruhsal ve fiziksel yönden rahatlamasına yarıyor.

Bugüne kadar belki hiç dağlara tırmanmadınız. Ama, sağlığınız yerinde; yani kalp, yüksek tansiyon, solunum yetmezliği gibi hastalıklarınız yok. O zaman neden denemeyeceksiniz? Böyle bir şeye başlamadan önce dağ sporları ile ilgili bir gezi rehberi alıp oradaki turizm acentelerinden birine telefon edebilirsiniz. Hiç korkmadan, çekinmeden bir pazar gününü veya birkaç gününüzü ayırın, kendinizi dağlara atın!

Ben de önceleri sizlerden biriydim, ünlü dağcımızın bir kitabını okuyana kadar. Dağların kokusunu alıp o büyüyü hissettikten sonra oralara gitmeden yapamıyorum.

Unutmadan söyleyeyim. Bir kere denedikten sonra dağcılık tiryakilik yapabilir. Aman dikkat edin!

1. Kimler dağcılık sporuna ilgi gösteriyor?

   ______________________________ .

2. Dağcılık kimler için tehlikelidir?

   ______________________________ .

3. Dağcılık ve dağ sporlarıyla ilgili nerelerden bilgi alabiliriz?

   ______________________________ .

4. Bu sporun faydaları nelerdir?

   ______________________________ .

5. Gezgin dağcılığa ne zaman başladı?

   ______________________________ .

12 Tamamlayalım, işaretleyelim

Konuşmalar

Kayıt sırası 68

(1)

Türkiye İş Bankası interaktif telefon servisine hoş geldiniz. lütfen 11 haneli hesap numaranızı tuşlayınız. Teşekkür ederiz. Hesabınızı ________________ 1'i, şifrenizi almak ya da ________________ 2'yi, kart başvurusunda ________________ 3'ü tuşlayınız.

(2)

Şimdi Topkapı Sarayı'nın hazine dairesinde bulunmaktayız. Karşıda özel camlı bölmede kaşıkçı elmasını görmektesiniz. Biliyorum çoğunuz bu eserlerin fotoğrafını ________________ sabırsızlanıyorsunuz. Ama ne yazık ki, bu bölümde fotoğraf çekmek yasak.

(3)

Sayın misafirlerimiz şu anda Ulus'tayız. Solunuzdaki yapı eski meclis binası. Tam karşınızda da Ankara Kalesi var. Öğle yemeği ________________ bir sonraki durağımız orası olacak. Lütfen değerli eşyalarınızı yanınıza alınız.

(4)

– Affedersiniz otomobil çekilişine ____________ ne yapmam gerekiyor?
– Gıda reyonumuzdaki mavi etiketli ürünlerimizden en az 5 adet almanız ve faturanızla danışmadaki görevlilere başvurmanız gerekiyor. Sonra tekrar buraya geleceksiniz.

1. Konuşma
- ☐ televizyonda
- ☐ telefonda
- ☐ sokakta
- ☐ radyoda

3. Konuşma
- ☐ meclis binasında
- ☐ kalede
- ☐ otobüste
- ☐ durakta

2. Konuşma
- ☐ müzede
- ☐ fotoğrafçıda
- ☐ sokakta
- ☐ otelde

4. Konuşma
- ☐ otomobil galerisinde
- ☐ gıda reyonunda
- ☐ danışmada
- ☐ kasada

13 Okuyalım, tamamlayalım

Palandöken'de Tatil Keyfi

Selin : Arkadaşlar, bayram tatilinde Palandöken'e gitmeye ne dersiniz?

Uğur : ____?

Selin : Erzurum'daki kayak merkezi. Duymadın mı yoksa?

Serkan: Ben okuldaki arkadaşlarla konuştuktan sonra, Palandöken'i görmeyi daha da çok istiyorum.

Uğur : ____?

Serkan: Türkiye'deki en uzun kayak pisti buradaymış. Sezon da kasımda başlayıp mayıs sonunda bitiyor.

Bilge : ____?

Selin : Hayır, o kadar da uzak değil. İstanbul'dan uçağa bindikten iki buçuk saat sonra oradayız.

Uğur : ____?

Serkan: Tabii, çok modern 274 yataklı bir otel de varmış. Ama, özel bir şirket bu tesisi yapmadan önce yoktu.

Uğur : Gerçekten güzelmiş. Gidip hazırlık yapayım. Daha sonra otelden yer ayırtıp biletlerimizi alalım.

14 Okuyalım, yanıtlayalım

E-mail

Canım arkadaşım Nilay,

Şu anda senin ülkende, Türkiye'deyim ama ne yazık ki sen yoksun. Şanssızlık işte!

Ben şimdi Bodrum'da deniz kıyısında, güzel bir pansiyondayım. Sana bu maili pansiyonun muhteşem manzaralı terasından yazıyorum. Şimdi pansiyonda dinleniyorum çünkü yolculuk beni biraz yordu. Ama yarın sabah erkenden Bodrum'daki tarihi yerleri gezmek üzere pansiyondan ayrılacağım. Bana buraları o kadar güzel anlatmışsın ki, nerelere gitmem gerektiğini çok iyi biliyorum. 2 gün burada kaldıktan sonra Bodrum'dan ayrılacağım. İnternette güzel bir Karadeniz turu buldum. Tur 4 gün sürecek. Biraz yorulacağım biliyorum ama Karadeniz'in doğal güzelliklerini görmek için buna değer. Karadeniz'i de gördükten sonra hemen Almanya'ya dönmem gerekiyor. Çünkü okulum açılacak. Bu kez seninle görüşemedik. Bu benim Türkiye'ye ilk gelişim ama şimdiden o kadar çok beğendim ki. Sanırım son olmayacak. Bir dahaki gelişimde görüşmek üzere.

Helga

1. Helga şu anda nerede kalıyor?

   ______________________________.

2. Helga Türkiye'de kaç gün kalacak?

   ______________________________.

3. Helga Türkiye'de nerelere gidecek?

   ______________________________.

4. Helga Karadeniz'e niçin gidecek?

   ______________________________.

5. Helga, Türkiye ile ilgili bilgileri nereden öğrendi?

   ______________________________.

15 Tamamlayalım

1. Bu sene çok para biriktirmedim, *bu yüzden* tatile gidemeyeceğim.
2. Bu yaz yine Antalya'ya gitmek istiyoruz, __________ geçen yaz orada çok güzel vakit geçirdik.
3. Seninle sinemaya gelmiyorum, __________ çok meşgulüm.
4. Çok acelem var, __________ kahvaltı yapmadan evden çıkacağım.
5. Biraz ara vermek istiyorum, __________ çok yoruldum.
6. Kayak yapmayı çok seviyorum, __________ kışın mutlaka kayak merkezine gidiyorum.

16 Eşleştirelim

1. Çok çalışıyorum.
2. Hiç param kalmadı.
3. Dün boş vaktim vardı.
4. Çok üzgünüm.
5. Kilo vermek istiyorum.
6. Bu hafta kursa başladım.
7. Yeni bir araba almaya karar verdim.
8. Bu raporu yarına kadar bitirmem lazım.

- ☐ Bu yüzden arkadaşlarımla buluşup sinemaya gittim.
- ☐ Çünkü İngilizce öğrenmek istiyorum.
- ☐ Bu sebeple rejim yapıyorum.
- [1] Çünkü üniversiteyi kazanmak istiyorum.
- ☐ Bu yüzden eve yürüyerek geldim.
- ☐ Çünkü maçı kaybettik.
- ☐ Bu sebeple sabaha kadar dinlenmeden çalışacağım.
- ☐ Bu yüzden para biriktiriyorum.

17 Tamamlayalım

1. Yarın işe gitmeyeceğim, *bunun için* erken kalkmam gerekmiyor.
2. Hafta sonu geziye gidemedim, __________ çok hastaydım.
3. Aslı bu yemeği sevmez, __________ o vejeteryan.
4. Kendimi iyi hissetmiyorum, __________ eve gidip dinlenmek istiyorum.